广东地方治理创新研究丛书

肖 滨 朱亚鹏 主编

迈向共建共享新格局
——广东探索社会治理创新

陈天祥 郑佳斯 等著

·广州·

版权所有　翻印必究

图书在版编目（CIP）数据

迈向共建共享新格局：广东探索社会治理创新/陈天祥，郑佳斯等著. —广州：中山大学出版社，2017.5

（广东地方治理创新研究丛书/肖滨，朱亚鹏主编）

ISBN 978 - 7 - 306 - 06036 - 5

Ⅰ.①迈…　Ⅱ.①陈…②郑…　Ⅲ.①社会管理—研究—广东　Ⅳ.①D676.5

中国版本图书馆 CIP 数据核字（2017）第 081974 号

出版 人：徐　劲
策划编辑：嵇春霞
责任编辑：刘学谦
封面设计：曾　斌
责任校对：李艳清
责任技编：何雅涛
出版发行：中山大学出版社
电　　话：编辑部 020 - 84110771，84113349，84111997，84110779
　　　　　发行部 020 - 84111998，84111981，84111160
地　　址：广州市新港西路 135 号
邮　　编：510275　　传　真：020 - 84036565
网　　址：http：//www.zsup.com.cn　E-mail：zdcbs@mail.sysu.edu.cn
印 刷 者：佛山市浩文彩色印刷有限公司
规　　格：787mm×1092mm　1/16　13.375 印张　186 千字
版次印次：2017 年 5 月第 1 版　2017 年 5 月第 1 次印刷
定　　价：46.00 元

如发现本书因印装质量影响阅读，请与出版社发行部联系调换

教育部人文社会科学重点研究基地
中山大学中国公共管理研究中心重大项目"中国特色的治理理论构建（16JJD630012）"研究成果

总　序

　　20世纪八九十年代以来，经济全球化和以信息技术为导向的新技术革命浪潮席卷世界各国；它们不但深刻地改变了国际经济、政治格局，也快速重塑着全球治理体系。全球化在带来了重大红利的同时，也给不同经济体之间以及各经济体内部带来了一系列分化与冲突，并由此引发了全球性的治理危机。不同国家回应危机的方式大相径庭，乃至直接催生出全球化与逆全球化之间角力的局面。作为全球化的参与者、受益者和积极推动者，近年来，中国积极谋划顶层设计，在规范公共权力运行、营造公平市场环境和维护公共秩序等方面进行了大胆改革与创新，力图通过创新和善治解决国内发展中遇到的新问题，并努力为推动世界经济发展和全球善治贡献中国智慧，体现了引领全球化发展的大国担当。

　　面对全球化带来的机遇和挑战，改革与发展成为当代中国的必然选择。党的十八届三中全会进一步将"推进国家治理体系和治理能力现代化"确定为全面深化改革的总目标，力争在2020年形成系统完备、科学规范、运行有效的现代制度体系。我们有理由认为，这不仅是一个事关中国国内治理的战略布局，它也为增强中国参与全球治理的能力、为全球治理提供"中国方案"创造了契机。在近40年中，中国融入了全球化浪潮，不但保持着经济高速增长，而且社会总体稳定并充满活力。因此，越来越多的人从直接关注中国的经济奇迹，开始转向探究这种经济奇迹背后的政治动力和社会诱因。事实上，近年来，中国的治理经验已开始被越来越多的国家所认可和借鉴。

然而，作为一个发展中的大国，积极的地方探索是中国改革开放得以成功的一条重要经验。为应对现代化和全球化进程中的各种挑战，中国涌现了大量的地方治理创新典型案例，其直接动力根植于地方社会不同类型行动者的持续互动之中。换言之，在特定的结构和制度情景中，不同的行动者通过互动，逐步消弭利益冲突并达成政策共识，进而让公共问题最终得到解决。虽然随着改革进入深水区，中央顶层设计的必要性日益凸显，但保持地方自主探索的活力依然是中国治理现代化不可或缺的一环。在此意义上，为了更好地总结中国的治理经验，并准确揭示它们背后的动力及其作用机制，我们需要将研究触角进一步下沉到纷繁复杂的地方治理实践过程之中，以便为下一步对全球治理之"中国方案"的学理表达提供切实的地方性经验的支撑。

作为改革开放的前沿地带，广东地方治理创新始终保持着热度，甚至在全国都起到了引领示范的作用。改革开放以来，广东一直秉持"敢为天下先"的精神，在诸多领域积极进行探索创新，无论是在经济发展、法治民主建设方面，还是在社会建设等方面，都大胆突破，涌现出一大批治理创新的典型案例。它们在地方实践的意义上构成了推进国家治理体系和治理能力现代化最直接的注脚，堪称理解中国治理经验的"广东样本"。

2012年年末，习近平总书记在广东考察时强调指出，"广东要努力成为发展中国特色社会主义的排头兵、深化改革开放的先行地、探索科学发展的试验区，为率先全面建成小康社会、率先基本实现社会主义现代化而奋斗"。这成为广东进一步推进治理体系和治理能力现代化建设的新起点和动力源。5年来，广东积极响应中央号召，在改革行政审批制度、优化基层自治、扩大公民有序参与、创新社会治理模式等方面继续着力，探索出了许多治理创新的新经验。立足于这些鲜活的广东治理创新案例，从实践出发提炼具有解释力和穿透力的理论体系，参与全球治理理论对话，进而提升中国国家治理的绩效和品质，将是一件兼具学术价值和现实意义的研究工程。

在此背景下，中山大学政治与公共事务管理学院、中山大学中国公共管理研究中心、中山大学当代中国政治研究中心本着"问人间政治之道以善政天下，求公共管理之理为良治中国"的一贯宗旨，推出《广东地方治理创新研究丛书》，试图对广东治理体系和治理能力现代化建设的理论基础、实践经验和未来走向进行一次系统地总结和探讨，内容涵盖政府内部纵横双向权力配置改革，国家、市场、社会与群众四者之间的协同共治关系变革，以及基层自治与社会治理革新等多个方面，为深入理解广东地方治理创新实践提供有益的理论解释，为广东破解发展难题、增强发展动力、厚植发展优势奠定坚实基础。

在中国改革开放40周年即将到来之际，我们也希望以出版本套丛书为契机，抛砖引玉，激发新一轮关注国家治理体系与治理能力现代化建设的研究潮流。一方面，除广东外，国内还有浙江、贵州等许多地区在不同公共领域中大胆尝试，形成了一大批集国家、社会与市场力量智慧于一体的治理创新模式。这些具体的治理实践内容丰富、成绩亮眼，不但值得深入剖析和总结，而且是进行不同地区治理创新比较研究的珍贵素材。我们希望学术界和实务界有更多人能投身于中国治理创新的研究及实践之中，为"中国经验"的提炼提供助益。另一方面，如何解决公共领域中的治理问题，进而建构善治良序的局面是世界性的难题。以中国治理经验为基础，通过实践分析、理论建构参与全球治理理论对话和治理实践质量优化也正当其时。我们愿与学界同仁一道,在做好充分的中国地方治理研究的基础上,基于国际比较的宽广视野,进一步推进更具普遍适用性的治理理论创新,真正彰显中国治理经验对于推动现代政治文明更新和治理理念发展的作用。

目录 CONTENTS

第一章　迈向共建共享新格局：广东社会治理创新总论
一、广东社会治理创新的背景：四大挑战 …………………… 3
二、广东社会治理创新的探索：三社联动 …………………… 7
三、广东社会治理创新的经验启示 …………………………… 16

第二章　顺德社会创新中心：一个社会体制综合改革的独特案例
一、顺德社会创新的困境、实践模式与效果 ………………… 27
二、顺德社会创新的路径选择 ………………………………… 43

第三章　需求导向、多元参与、信息技术与治理结构
　　　　——来自东莞市大朗镇长富社区"微自治"的经验
一、东莞市社会治理创新的背景 ……………………………… 53
二、大朗长富社区明上居小区"微自治"模式 ……………… 56
三、需求导向、多元参与和信息技术：楼盘小区治理
　　模式要义 …………………………………………………… 72

第四章　集众成墙，以爱筑城："关爱桂城"社会治理创新模式
一、"关爱桂城"社会治理创新模式产生的背景 …………… 85
二、"关爱桂城"社会治理创新模式的主要内容 …………… 88

第五章　嵌入社区与协同治理
　　　　——广州市政府购买家庭综合服务案例分析
　一、类型化、标准化、规范化、常态化的广州家庭
　　　综合服务模式……………………………………… 115
　二、政府购买家庭综合服务项目的成效：五大转变……… 120
　三、家庭综合服务项目面临的挑战………………………… 128
　四、总结与建议……………………………………………… 136

第六章　基本公共服务均等化与社会善治
　　　　——中山市流动人员积分制的启示
　一、中山市积分制管理的主要内容………………………… 145
　二、积分制实施的效果……………………………………… 161
　三、进一步完善积分制的思路……………………………… 171

附录1　中共广州市委广州市人民政府《关于学习借鉴香港先进经验
　　　　推进社会管理改革先行先试的意见》（穗字〔2009〕13号）
　　　　…………………………………………………………… 175
附录2　《关于进一步做好街道家庭综合服务中心建设工作的函》
　　　　（穗民函〔2012〕263号）……………………………… 191
附录3　中山市流动人员积分制管理计分标准（2014）……… 196
后　记……………………………………………………………… 203

第一章

迈向共建共享新格局：
广东社会治理创新总论

中共十八届三中全会审议通过的《关于全面深化改革若干重大问题的决定》提出"创新社会治理体制"的重大战略任务，强调要增强社会发展活力，提高社会治理水平。这也是继2004年中共十六届四中全会首次提出"社会建设""社会管理体制创新"之后，首次引入"社会治理"的概念，至此实现了从"管理"到"治理"的政治话语转变。虽一字之差，但背后体现的是对旧有的以政府为单一管理主体、以公权力为手段的社会管理思维的超越，是对新的治理主体、理念和方式的倡导。社会管理强调的是对社会的管控，是"维稳"的思维；而社会治理更加关注"社会"，强调多元主体的参与和平等关系的构建，倾向于更加灵活和综合的治理手段和方式。在社会治理中，建设、服务、治理三者有机统一，致力于以社会建设为基础、以基本公共服务均等化为保障、以社会治理体制创新为路径，形成合理的社会结构。①

改革开放以来，广东省因其问题先发特征和改革先行先试一直被视为中国社会发展的缩影，从中可以折射出中国未来的社会治理问题与可能的政策变迁。2009年1月，国务院通过的《珠江三角洲地区改革发展规划纲要（2008—2020）》（以下简称《规划纲要》），明确珠江三角洲（简称"珠三角"），继续先行先试为全国"探路"，赋予了广东探索建立一套适应新时期新要求社会管理体制机制的期许和动力；同年，广东省政府便与民政部签订了《共同推进珠江三角洲地区民政工作改革发展协议》，拉开了社会治理改革创新的序幕。2011年7月，广东出台加强社会建设的"1+7"文件，为整体布局社会建设、创新社会管理指明了方向。近年来，广东坚持"党委领导、政府负责、社会协同、公众参与、法治保障"的社会治理体制改革方向，着力转变政府职能，深化行政管理体制改革，大力培育和促进社会组织发展，鼓励公民参与社会管理，不断推陈出新，致力于构建政府、社会组织和公民合作共治的新治理模式，出现众多的社会治理创新实践探索，彰显了"广东活力"。

---

① 参见胡颖廉《社会治理创新：更关注"社会"》，广东省社会工作委员会网站，2014年10月13日。

一、广东社会治理创新的背景：四大挑战

（一）从单位制到社区制的治理空间的转换

在传统的计划经济体制下，城市的社会管理是通过单位制、街居制来实现的。国家通过单位制管理职工，将其吸纳进无所不包的政治体系当中；再通过街居制管理没有单位的人，包括社会闲散人员、民政救济和社会优抚对象等。借助这种单位制为主、街居制为辅的管理体系，实现对城市全体社会成员的全面控制和整合，以此维系社会稳定。城市社会被高度结构化于国家体系，国家与城市社会几乎是重合的，城市自主性及城市居民自治的空间十分狭小。①

随着市场化改革的深入，中国社会从传统的封闭社会向现代的开放社会转型，单位制因失去其基础土壤而逐渐解体，导致单位职能的外移，受单位制管理的原有广大社会成员涌入街居，街居制无法适应这种变迁而在管理上陷入困境。在这种背景下，社区制成为国家重新整合基层社会的新治理形式。

社区制是对单位制、街居制的一种超越和调整，也意味着社区微观权力结构的变化，原有的单位与国家之间形成的依附与庇护关系被打破。在社区制下，国家需要直面社会非结构性的复杂性，需

---

① 参见侣传振《从单位制到社区制：国家与社会治理空间的转换》，《北京科技大学学报》2007年第3期。

要重新整合社会，也挑战了传统的社会治理方式。在管理理念上，强调对人的关怀，关注与居民生活息息相关的日常事务，变管理为服务；在管理形式上，强调居民参与；在管理目标上，强调改变政府作为唯一主体的格局，加强政府与社区的合作，达至善治。① 因而，从单位制到社区制的治理空间的转换，要求政府进一步创新社会治理方式和手段。

（二）城市二元体制结构突出

随着工业化和城镇化的发展，社会流动性加剧，外地人和本地人如何融合，成为社会治理的新挑战。改革开放后，广东成为最早的外来人口流入重地。根据第六次全国人口普查的数据，2010年广东省流动人口达到了3128万人，居全国各省市区之首，占全国流动人口总数的12%，占广东省常住人口的30%；在流动人口中，属于省外户籍的占68.7%，省内户籍的占31.3%。② 尽管这几年流动人口的增速有所放缓，但根据2015年的最新统计，在跨省流入人口分布中，广东省的比例依然最高，达29.45%。个别区域甚至出现人口"倒挂"现象，外来常住人口数量超过了本地户籍人口。例如，东莞2012年常住人口831.66万人，非本地户籍人口占77%；深圳2013年常住人口1062.89万人，非本地户籍人口占70%。③ 此外，广东共有"人口倒挂村"1708个，涉及流动人口1584万，占在册流动人口的57.1%；有"同乡村"（来自同一县市

---

① 参见何海兵《我国城市基层社会管理体制的变迁：从单位制、街居制到社区制》，《中国公共管理论坛》2003年第6期。
② 参见广东省统计局《广东省2010年第六次全国人口普查主要数据公报》（第1号），2010年。
③ 《流动人口调查：安徽流出人口最多，广东流入最多》，《21世纪经济报道》2015年4月11日。

的外来人口超过当地人口）294个，涉及流动人口243万，占在册流动人口的8.8%。①

目前的户籍制度主要是根据地域和家庭成员关系将户籍属性划分为农业户口和非农业户口，户口直接与就业、教育、住房、医疗和其他社会福利等挂钩，使流动人口无法与本地居民享受相同的权益，产生"户籍歧视"，容易使流动人员对所在城市产生疏离感甚至是怨恨感，激化外地人口与本地人口之间的矛盾。此外，由于缺乏制度性政治参与权益的明确规定，使得流动人口只能处在政治生活的边缘，制度性参与渠道缺乏，诱发非制度性政治参与，包括群体性突发事件、集体抗议游行等，2011年增城大敦村"6·11事件"就是一个典型。

（三）社会转型期矛盾和问题多发

改革开放30多年来，广东的经济发展迅猛。然而，社会建设却相对滞后，经济建设与社会建设存在"一条腿长，一条腿短"的不平衡现象。2011年，中共广东省委、省政府颁布的《关于加强社会建设的决定》指出，"社会事业发展相对滞后，社会结构不尽合理，公共服务供给不足，重管理轻服务以及发展中不平衡、不协调、不可持续问题依然突出"。快速发展的经济使得社会转型速度也在加快，社会利益主体高速分化，社会矛盾触点多、燃点低，各种社会问题层出不穷：侵财型犯罪、暴力型的经济型犯罪案居高不下，刑释解教人员重新犯罪问题严峻；各种经济纠纷、劳资纠纷和冲突不断；失业、无业和低收入群体的就业问题和经济困难没有得

---

① 参见国务院发展研究中心"流动人口服务管理政策总体研究"课题组《创新社会管理，促进社会融合——广东省创新流动人口服务管理体制机制调查》，《调查研究报告》2012年第115号。

到有效的解决；等等。《2014年中国法治发展报告》的统计数据显示，最近14年全国发生了871起百人以上群体性事件，其中广东省群体性事件达267起，占全国总数的30.7%。[①]

与此同时，随着市场经济的深入和信息的开放而导致的各种思潮的涌入，我国传统的国家与个人关系模式发生了明显的变化。与以往被动接受"管理"的"消极公民"不同，随着公民权利意识的觉醒，公民也开始转变为主动参与社会事务治理的"积极公民"，对公共事务治理提出更高的要求。在这种背景下，传统计划经济下政府包办一切、全面控制的社会管理模式已难以为继，社会治理创新越来越迫切。

（四）社会结构呈"强政府弱社会"的格局

随着市场经济的发展，个体权利意识日益高涨，社会力量不断增长，一个相对独立于政府和市场的公民社会正在悄然出现。[②] 但是，在长期的强政府弱社会的格局下，社会组织的发育存在诸多缺陷：一是规模较小，统计数据显示，截至2012年年底，我国依法登记的社会组织有49.2万个，每万人拥有社会组织数量为3.7个，数量较过去有所增多，但与国外相比仍有很大差距。早在2010年，法国每万人拥有社会组织110个，日本拥有97个，美国拥有57个，新加坡拥有14.5个，巴西拥有13个。[③] 二是社会组织分布不均，珠三角的大城市占有压倒性多数，其他中小城市和农村地区的社会组织数量稀少。三是社会组织的类型较单一，以行业型社团、

[①] 参见中国社会科学院法学研究所《2014年中国法治发展报告》，《新京报》2014年2月24日。

[②] 参见何增科《中国社会管理体制改革路线图》，国家行政学院出版社2009年版。

[③] 参见刘昆《政府买服务，怎么买才值（政策解读）》，《人民日报》2014年1月19日。

学术型社团、专业型社团居多,联合型社团、权利协助型社团少,弱势群体缺少社会组织的关注。四是社会组织对政府的依赖较强,政策呼吁功能不足。五是社会组织的自我管理能力较差,部分社会组织内部治理结构较为混乱,专业性不足,难以动员各种社会资源,社会影响力有限。①

二、广东社会治理创新的探索:三社联动

创新社会治理的关键在基层,重心在社区。吉登斯指出:"社区这一主题是新型政治的根本所在,社区建设不但意味着重新找回已经失去的地方团结形式,它还是一种促进街道、城镇乃至更大范围的区域复苏的可行办法。"②

2011年7月,中共广东省委、省政府颁发了《关于加强社会建设的决定》;同年9月,中共广东省委办公厅、省政府办公厅印发了7个配套文件③,与上述决定一起构成广东省加强社会建设的

---

① 参见邓智平、饶怡《从强政府、弱社会到强政府、强社会——转型期广东社会组织发展的战略定位与模式选择》,《岭南学刊》2012年第2期。

② [英]安东尼·吉登斯:《第三条道路:社会民主主义的复兴》,郑戈译,北京大学出版社2000年版,第83页。

③ 7个配套文件分别是《关于加快推进社会体制改革建设服务型政府的实施意见》《关于加强社会组织管理的实施意见》《关于加强我省人口服务与管理的实施意见》《关于加强社会工作人才队伍建设的实施意见》《关于加强社会建设信息化的实施意见》《关于加强城市社区居民委员会规范化建设的实施意见》和《关于加强和改进村民委员会建设的实施意见》。

政策体系，为整体布局社会建设、创新社会管理指明了方向。随后，广东省制定了《广东省社会建设（2012—2020）规划纲要》《广东省社会建设中长期重点行动纲要》和《广东省社会建设考核评价指标体系》，将社会建设的方向和任务具体化和明细化。近年来，广东省将改革社区管理体制、扩大社会组织参与、发展社会工作服务作为创新基层社会治理的重要手段，探索推进以社区为平台、社会组织为载体、社会工作专业人才为支撑的"三社联动"模式，推进社会治理创新。2015年，广东省民政厅《关于推进社区、社会组织和社会工作专业人才"三社联动"的意见》（粤民发〔2015〕164号）提出，到2020年，全省基本实现"三社联动"机制全覆盖，有效形成社区、社会组织和社工专业人才良性互动与有效衔接的局面。

（一）改革社区管理体制

社会管理体制是指社会管理的制度规则体系、组织机构体系及其运行机制。我国原有的社会管理体制形成于计划经济时期，是缺乏结构、功能和利益分化的"总体性社会"①，强调国家对社会的严密控制，整个社会秩序井然有余而活力严重不足。随着单位制的解体和城镇化进程的加快，社区的重要性越来越凸显，但因体制转轨的青黄不接而产生了许多管理的真空和"盲点"，社区治理力量不足、资源缺乏、活力不强等问题日益突出。因而，改革社区管理体制成为广东省社会治理创新的必要一环。

第一，完善社区治理结构，发挥多元主体在社区治理中的协同协作和互动互补作用。目前，各地的实践都致力于形成以社区党组织为核心、社区自治组织为主导、社区居民为主体、社会组织和驻

---

① 孙立平、王汉生、王思斌、林彬、杨善华：《改革以来中国社会结构的变迁》，《中国社会科学》1994年第2期。

区单位共同参与的社区治理体制机制。早在2011年5月，珠海在创新社会管理体制机制上开全国先河，成立中共珠海市委社会管理工作部，作为中共珠海市委专门领导社会管理的职能部门。又如，东莞的社区"微自治"主体构建，通过对小区内各类主体进行组织创建，包括成立非公中共党支部、建立小区自治组织、培育社区社会组织等，促进有效的利益组织化表达，推动"多元主体共治"治理格局的形成。

第二，创新社区工作机制。首先，明确社区的工作职责，不得将社区居委会职责范围外的事务和专业性技术性较强的工作强加于居委会；建立行政管理事项社区准入制度，对确属社区居委会协办协管的工作，须经所在区（县、市）社会工作机构批准同意，实行权随责走、人随事调、费随事转。其次，建立便民利民工作机制。社区办理公共事务，实行服务内容、办事程序、申报材料、办理依据、办理期限和收费标准"六公开"；社区受理事项实行一次性告知、首问负责、限时办结、承诺办理。完善网格化管理、上门服务、挂钩联系住户等工作机制。最后，推动社区共驻共建。强化驻社区单位的社区建设责任，引导公共文化、教育、体育等活动设施向社区居民开放，为社区居委会提供人力、物力、财力支持，推动社区共驻共建，营造共商社区事务、共享社区资源、共建幸福社区的良好氛围。① 为给社区行政减负，珠海早在2010年就重新厘清社区职责，将社区居委会承担的130项工作重新划分为"社区居委会依法完成（38项）""社区居委会依法协助完成（23项）""镇街、职能部门依法完成（41项）"和"实行政府购买或委托管理（28项）"四类，并建立行政事务准入社区审批制度；同时，在各镇街设立镇街政务服务中心，拦截、过滤政府下达的大部分行政事务。

第三，加强城乡社区公共服务平台建设，打通政府服务群众的

---

① 参见中共广东省委办公厅、省政府办公厅《关于加强城市社区居民委员会规范化建设的实施意见》，2012年6月。

"最后一公里"。广东省着力构建省、市、县（区）、镇（街道）、居（村）委会五级社会管理网络体系，将重点放在基层社会管理创新。例如，中山市探索落实"2+8+N"社区治理模式。其中"2"即各社区组建一个社区建设的协调委员会和一个社区服务中心；"8"即各社区服务中心内设4站4室，承担民政、残联、劳动、社保、国土、计划生育等八项公共服务；"N"则是指根据社区生产生活需要增设的服务项目。以"2+8+N"模式为基本框架的社区治理模式，有利于实现社区基本公共服务的均等化，促进外地人与本地人的沟通融合机制，也能激发民众参与社区建设的热忱。① 珠海市在街道设置社区政务服务中心，承接大部分行政管理和公共服务事务；在社区设置公共服务站，协助居委会完成协管协办工作，形成社区党组织、居委会、公共服务站"三位一体"的社区管理新体制。广州市增城区以"一站三中心一队伍"为抓手，完善基层社区综合服务平台，创新社会服务管理模式，提高流动人口服务管理水平。"一站"即综治信访维稳站，受理调处各类矛盾。"三中心"即出租屋和流动人口管理服务中心、社会管理服务中心和文体活动服务中心。出租屋和流动人口管理服务中心为外来人口和出租屋主提供出租屋租赁备案办理、代征收税费、免费房屋租赁中介服务、计划生育管理服务、居住证和积分入户办理等；社会管理服务中心设置工商、税收、房管、质监、交通、人社、公安等20多个驻点服务窗口，为流动人口提供"一站式"便民服务；文体活动服务中心提供扶老助残关爱、社区居民文娱、青少年成长辅导、心理咨询等免费服务。"一队伍"即综合执法队，负责社区执法。②

---

① 参见丁勇《中山市"2+8+N"社区治理模式2015年将实现全市覆盖》，人民网，2014年10月16日。
② 参见国务院发展研究中心"流动人口服务管理政策总体研究"课题组《创新社会管理，促进社会融合——广东省创新流动人口服务管理体制机制调查》，《调查研究报告》2012年第115号。

（二）促进社会组织的发展和壮大

第一，全面实施民政部门直接登记制，取消业务主管单位，降低社会组织成立门槛。2011年9月，中共广东省委办公厅、省政府办公厅出台的《关于加强社会组织管理的实施意见》指出，对经济类、科技类、公益服务类、城乡社区服务类这四类社会组织实行直接登记制，并逐渐以业务指导单位代替业务主管单位。2012年4月《关于进一步培育发展和规范管理社会组织的方案》的通知（粤发〔2012〕7号）进一步规定，从2012年7月1日起，社会组织的业务主管单位均改为业务指导单位，实现自愿发起、自选会长、自筹经费、自聘人员、自主会务和无行政级别、无行政事业编制、无行政业务主管部门、无现职国家机关工作人员兼职。这也意味着，原来实行的对社会组织由登记管理机关与业务主管单位"双重管理"体制发生了重大改变，社会组织的自主性得到了加强。

第二，采取多种形式促进社会组织的发展。一方面，拓宽社会组织的资金筹集能力，在省和地级以上市实施社会组织扶持发展专项资金计划。2012年6月广东省政府制定《省级培育发展社会组织专项资金管理暂行办法》规定，专项资金原则上按公益服务类每家30万元，行业协会类每家20万元，学术联谊类、公证仲裁类、群众生活类等每家10万元给予补助，每年择优补助200家。广州、深圳、佛山、东莞和中山等市也设立扶持社会组织的专项资金。有的地方还鼓励金融机构在风险可控的前提下为符合条件的社会组织提供信贷服务。如2015年深圳市制定的《关于培育深圳市药品领域社会组织有序发展的指导意见》（深市质规〔2015〕7号）中提出八项扶持措施，鼓励社会资本投入药品领域社会组织，拓宽药品领域社会组织的筹资渠道。另一方面，建立社会组织培育孵化基地，为社会组织提供场地支持、政策咨询、能力建设、资源链接共享等服务。此外，开展非营利组织免税、公益性捐赠税前扣除等资格认定，保障社会组织依法享受税收优惠待遇。

第三，遵循市场逻辑，鼓励社会组织竞争。广东除了依照"五自四无"①的标准推动社会组织的民间化改革，还在此前行业协会商会民间化改革的基础上施行一业多会改革，放宽行业协会设立标准，引入竞争机制，突破"一业一会"限制，允许跨区域组建、合并组建和分拆组建，实现行业协会商会的去垄断化改革。在社工机构方面，为避免社工机构一家独大或"一朝签约，终身签约"的现象，以民政局为主体的委托方，通过降低门槛、简化程序、提供专业指导、加大财政资金投入、落实优惠政策等举措，大力扶持民办社会工作服务机构，为民办社工机构发展创造良好的成长环境。2014年7月，《政府向社会力量购买服务暂行办法》（粤府办〔2014〕33号）进一步降低了机构准入限制，承接的主体从社会组织扩大至企业和其他公益类事业单位，充分营造开放多元的市场环境。而在评估的第三方机构组织方面，注重引入竞争机制，评估团队的组建通过公开招投标的方式进行选择。

通过上述系列举措，广东省顺利实现"五个率先"。一是在全国率先开展社会团体和民办非企业单位登记，给予社会组织合法地位；二是率先进行基金会清理整顿和规范管理，促进了基金会的健康发展；三是率先进行行业协会、异地商会和公益类社会组织管理体制改革，实行民政部门直接登记，促进了社会组织民间化和自治化；四是率先探索社会组织发展扶持基金和孵化基地，扶持社会组织发展；五是率先建立社会组织服务大厅和服务网络，为社会组织发展提供优质服务。目前，100%的行业协会业务主管单位改为业务指导单位，减少了行政干预；100%兼职的国家机关工作人员辞去行业协会领导职务，实现了民间化；100%的行业协会自选会长，自主运作能力明显增强；100%的行业协会扩大了会员覆盖面，

---

① "五自四无"为：自愿发起、自选会长、自筹经费、自聘人员、自主会务，无行政级别、无行政事业编制、无行政业务主管部门、无现职国家机关工作人员兼职。

86%的行业协会独立办公,自身建设得到加强。异地商会和公益服务类社会组织登记注册办法得到简化,登记范围拓宽,登记门槛降低,使50家因政策障碍无法成立的社会组织顺利登记注册。据统计,截至2015年3月底,经广东各级民政部门登记的社会组织总数达48721个,居全国第二位。①

(三) 发展社会工作服务

第一,推进政府购买服务工作的制度化建设。2011年5月,广东省政府办公厅印发了《政府向社会组织购买服务暂行办法》,这是中国首个省级层面出台的政府向社会组织购买服务的办法,就政府向社会组织购买服务的基本原则、购买范围、供方条件、资金安排等做出了详细规定;同年11月,广东省机构编制委员会印发《政府向社会转移职能工作方案》的通知(粤机编〔2012〕22号),对政府转移职能内容进行描述,主要包括行业管理与服务、社会事务管理与服务、专业技术管理和服务。2013年,《广东省民政厅关于进一步规范民政服务领域政府购买和资助社会工作服务的通知》(粤民社〔2013〕10号)强调"扩大政府购买社会工作服务范围和规模",政府开始大力鼓励支持公益服务类社会组织发展。

第二,对社会组织购买的服务进行目录编排,实现服务购买的可操作化。广东省财政厅于2012年6月向社会发布了第一批《2012年省级政府向社会组织购买服务项目目录》(以下简称《目录》),为全国首创。《目录》涉及基本公共服务、社会事务服务、行业管理与协调事项、技术服务事项、政府履职所需辅助性和技术性服务等262项服务项目,被纳入第一批政府采购服务范围,首次具体明确了在政府职能范围内哪些事项可以交由社会组织承担,哪

---

① 《全国首个社会组织地方性法规即将在广东出台》,《羊城晚报》2015年7月31日。

些应由政府履行，并赋予各政府部门一定的自行设置权。

第三，培养社工人才队伍，推动社会工作专业化。以广州市为例，2008年实施政府购买社会工作服务之初，全市持证社会工作者仅有1070人。随着政府购买社会工作服务投入的不断增长，社会工作专业人才数量也呈现快速发展的态势。截至2015年年底，全市共有持证社会工作者10248人，数量居全省首位；累计培养了社会工作员3800名、本土社会工作督导人才250名、管理人才200名，对2000余名新入职社工进行入职培训。[①] 各地以街道、社区为平台，建设家庭综合服务中心，为社区家庭和老年人、青少年、外来务工人群等提供服务。截至2015年年初，广东省已建有983个家庭（社区）服务中心，有效实现了社会组织、专业社工在城乡社区平台上的对接。[②]

（四）百花齐放的地方实践

本书选取了广东省五个社会治理创新案例，总结其创新经验，借此探索广东省社会治理创新的模式以及未来的发展方向。五个案例分别是：顺德社会创新中心的创新实践，东莞市大朗镇长富社区的"微自治"实践，"关爱桂城"社会治理创新模式，广州市政府购买家庭综合服务实践和中山市流动人口积分制创新实践。

作为"广东四小虎"的佛山市顺德区，市场经济发达，2006年便成为中国首个GDP突破千亿元的县级城市（区）。然而，随着经济社会结构的剧烈变化，顺德也面临社会管理体制落后、社会创新主体缺乏和公民参与意识薄弱等问题。为突破原有社会管理体制的束缚，顺德区借鉴中国香港地区及新加坡通过半自治的公共机

---

① 参见广州市民政局社会工作处《广州市政府购买社会工作服务情况》（内部资料），2016年4月19日。
② 参见中华人民共和国民政部《广东省"三社联动"创新基层社会治理》，《中国社会报》2015年4月24日。

构——法定机构进行社会治理的经验，于2012年成立了社会创新中心，并赋予其法律地位，这也是国内第一个专门履行社会创新职能的法定机构。借助"官方"背景和相对自主的资金渠道、管理制度等，社会创新中心通过广泛链接顺德区内外的智力资源和社会资金，在政府、企业和社会之间建立交流平台和合作网络，有效地将碎片化的创新行动者和资源整合起来，形成了社会创新共同体和资源合力，有力驱动了顺德社会创新工作。

东莞市大朗镇长富社区明上居小区是典型的大型楼盘小区，外来人口多，利益诉求不一，治理问题较为突出。长富社区在探索社会治理的有效途径过程中，将明上居作为样板社区进行全面创建，形成了以"微自治"为核心的楼盘小区治理模式。"微自治"的模式要义在于需求导向、多元参与和信息技术，通过"一体化平台"建设、"网格化管理""信息化支撑""全程化服务"等系列措施机制，实现治理技术的提升、自治单元的下沉和公共服务的强化，充分发挥小区的自治潜力，提高社会治理水平。

桂城是佛山市南海区的政治、经济和文化中心，处于"广佛同城"的前哨位置，于2009年6月启动并实施"关爱桂城"建设，通过动员吸引各行各业、社会组织、志愿者和民众的参与，力争将"关爱桂城"打造成为构建和谐社会、提升民生和社会事业的工作体系，成为标志桂城软实力的城市名片。经过6年多的探索和发展，"关爱桂城"建设取得显著成效，统筹提升了综治维稳、社会管理和公共服务三大工作，有效调动和增强了政府、社团和企业三方在社会工作上的资源和作用力，并培育出与之适应的人文关怀，形成社会和谐的工作体系，在众多"运动式治理"的氛围中独树一帜，为中国社会建设发展提供了富有价值的参考和借鉴意义。

广州市早在2011年7月就在"社区公共服务外包"项目上发力，出台了一系列文件，全面推进街道家庭综合服务中心建设，推广政府购买社会服务模式，以对家庭、青少年和长者等重点群体的服务为核心，科学设置服务项目，面向全体社区居民提供专业、综合和优质的社会服务,形成了"政府购买社会工作服务为主要推手、社工机构承办运营为服务主体,社区家庭综合服务项目为核心平台,第三方评估机构为监督机制"的广州家综服务格局,有效推动政府职能转变和"小政府、大社会"格局的形成。

改革开放后,伴随着第二、三产业的快速发展,中山市对劳动力的需求也日益加大,吸引了大量外来劳动人口,2009年年末的统计数字显示,外来人口占常住人口比例达41%。随着流动人员数量的不断增加和经济社会的快速变化,原有的以暂住证为基础、重打击轻服务的流动人员管理方式面临着诸多挑战与问题,出现管理的"真空"。在这种背景下,中山市借鉴国外移民的经验,于2007年首次将积分制引入到流动人员子女入学指标的分配中,由此迈出了中山市积分制管理的第一步。目前,中山市的积分制管理已涵盖了积分入户、入学和申请公租房等多个领域,将传统的对流动人员的管控变为提供服务,为解决流动人口管理难题提供了新思路与新方法,推动了社会治理水平的提高。

三、广东社会治理创新的经验启示

(一)社会治理外部环境:保障和激励机制

长期以来,我国的社会管理和社会服务的提供基本上都是以政府为主导,甚少有社会力量的参与。相比于西方发达的市民社会,我国的社会主体参与基础很薄弱。这意味着,社会治理创新在减少国家干预的同时，也离不开政府的扶持，需要政府提供制度和资金保障，以及鼓励社会创新的激励机制，营造有利于社会多元主体发展的外部环境。

第一，制度保障。社会治理创新是一项长期性的系统工程，需要完善的制度保障和宽松的制度环境。以引导和规范社会工作和社会组织的有序发展的相关制度文件为例，广东省陆续出台了一系列规范性文件。与这些规范性文件相对应，中共广州市委、市政府及其职能部门也出台了一系列针对"家综"项目的重要配套指导性文件①，它们对街道家庭综合服务中心建设的目标要求、实施政府购买社会服务流程规范、支持民办社工机构发展、财政和场地保障等方面都提出了具体的措施，从而为家庭综合服务中心的建设提供了有力的制度保障。此外，广州市积极探索国内首部社会工作服务领域的综合性法规，目前《广州市社会工作条例（草案征求意见

---

① 《中共广州市委、广州市人民政府关于学习借鉴香港先进经验　推进社会管理改革先行先试的意见》（穗字〔2009〕13号）、《中共广州市委、广州市人民政府关于加快推进社会工作及其人才队伍发展的意见》（穗民〔2010〕12号）、《关于印发〈广州市民政局事业单位社会工作岗位设置指导意见〉的通知》（穗民〔2010〕95号）、《关于印发〈广州市财政支持社会工作发展实施办法（试行）〉的通知》（穗财保〔2010〕169号）、《关于印发〈广州市社会工作专业人员登记管理实施办法（试行）〉的通知》（穗民〔2010〕202号）、《关于印发〈推进我市社会管理服务改革　开展街道社区综合服务中心建设试点工作方案〉的通知》（穗民〔2010〕213号）、《关于印发〈广州市政府购买社会服务考核评估实施办法（试行）〉的通知》（穗民〔2010〕221号）、《关于印发〈广州市扶持发展社会工作类社会组织实施办法（试行）〉的通知》（穗民〔2010〕222号）、《关于印发〈广州市社会工作专业岗位设置及社会工作专业人员薪酬待遇实施办法（试行）〉的通知》（穗民〔2010〕229号）、《关于印发〈广州市街道家庭综合服务中心试点建设期间三个工作规范〉的通知》［包括《广州市街道社区综合服务中心实施政府购买服务流程规范（试行）》《广州市街道社区综合服务中心相关参照标准（试行）》《广州市街道社区综合服务中心资助及服务协议（试行）》］（穗民〔2010〕320号）、《关于加快街道家庭综合服务中心建设的实施办法》（穗办〔2011〕22号）、《关于进一步做好家庭综合服务中心建设工作若干问题的通知》（穗民函〔2012〕263号）、《政府购买服务评估人员名单数据库管理办法》（穗民〔2012〕279号）、《关于举办首次家庭综合服务中心新入职社工入职培训通知》（穗民〔2012〕375号）、《广州市民政局关于征求广州市家庭综合服务中心项目招标文件有关规范文本意见》（穗民〔2014〕354号）。

稿)》已进入公开征求意见阶段。同时，广州市还将配套出台实施《广州市政府购买社会工作服务实施办法》《广州市社会工作服务质量标准》等，从而将社会工作相关服务纳入法制化轨道。

第二，资金保障。一方面是要有常态化的资金保障机制。例如，广州市的家庭综合服务项目由市、区（县级市）两级财政每年资助200万元，纳入市民政局和各区（县级市）民政局部门预算。自2008年试点以来至2014年，家庭综合服务及专项社工项目已累计投入财政资金11.07亿元[①]，强大的资金支持有效地保证了"家综"项目的持续运行。另一方面是要多渠道拓展资金来源。例如，顺德的社会创新中心充分调动社会资本和公益基金参与社会创新，资金来源包括企业、政府和社会民众，促进社会建设资金与项目对接。东莞市的"微自治"实践则充分利用东莞市社会建设"财政奖补"机制，通过实行"以奖代补"制度，市财政共投入400万元对创建成效明显的前5个单位进行奖励。

第三，激励机制。为推进全省社会建设工作创新，广东省社会工作委员会于2012年在全省范围开展了社会创新观察项目的申报和遴选，项目内容包括社会组织、城市社区治理、农村基层服务管理、外来人口服务管理、社会事业、民生保障、社会管理及其他项目，基本上涵盖了社会建设的主要领域。而为保证社会创新观察项目的顺利推进，广东省社会工作委员会主任与各市主要负责人签订了《社会创新观察项目共建协议书》。通过签订协议，将项目纳入当地党委政府的工作任务中，确保项目的推进力度，防止各市将任务下派给某一个部门。与此同时，设立晋级机制，采取"先观察后试点"的方式。围绕符合广东省关于加强社会建设的"1+7"文件精神、社会效果、可持续发展能力和可推广性这四个方面，由第

---

① 参见中山大学中国公共管理研究中心"政府购买服务研究"课题组《关于广州市建设家庭综合服务中心的政策评估报告：行为、目标与工具分析》，2015年10月。

三方独立机构选派专家开展评审，项目由"观察项目"再进一步经过筛选成为"试点项目"。项目"观察"一年左右接受评审，只有成效较好的方能上升为"试点项目"，通过这种激励机制，力促各市积极推进社会建设工作。①

（二）社会治理理念：从全面管控到激发社会活力

与以往强调政府对社会事务的控制不同，社会治理创新要求政府真正回归到服务的轨道，从管理者转变为服务者。社会管理注重"管理"，社会治理关注"社会"，更加关注社会的参与性和公平性。长期以来，中国的社会治理具有浓厚的管制色彩，关注"社会的稳定性"，从而忽视了"参与性""公正性"等其他维度，公众往往只能被动成为社会治理的客体，而无法参与到社会治理的决策中来。

然而，诚如托克维尔所言，不管如何精明强干的中央政府，也做不到明察秋毫，不能仅靠自己去了解一个大国社会的一切细节，这样的工作超过了政府人力物力财力所能及。当它要独自创造那么多发条并使它们发动的时候，其结果不是很不完美，就是徒劳无益地消耗自己的精力。② 也就是说，政府是有局限的。此外，管控措施虽然能够在一定程度上维护社会的基本秩序，但是却不利于释放社会能量而易引发群体性事件。因而，引导社会的参与与互动、激发社会活力显得格外重要。在广东的社会治理创新中，在基础步调上更为关注对公民利益的保护，顺应公民权利意识大大提高的现实情况，强调柔性治理思维，变硬约束为软引导，变强制服从为服务

---

① 《广东公布 23 个社会创新观察项目，首批试点项目将尽快公布》，《羊城晚报》2012 年 1 月 18 日。

② 参见［法］托克维尔《论美国的民主》（上卷），董果良译，商务印书馆 1996 年版。

感化，变堵截民情为疏解民心，化解各种社会矛盾和风险。

第一，要强化社会资本。社会资本是一种社会关系网络，与公民的信任、互惠、合作规范有关，能够产生积极的公共参与。社会资本能为社会治理创新提供心理基础、运行机制和参与渠道，提升个体之间的信任感，在一定程度上克服"集体行动困境"，促进个体间的相互扶持和平等合作。在广东的社会治理创新中，强化社会资本的路径主要是通过"社区营造"。社区营造强调提升社区的集体社会资本，以此达到社区自治。罗观翠认为，社区营造强调由下而上的发展模式，由居民自己提出需要，指出社区应有的设施、经济和社会活动模式以及如何发展本土文化、社会关系、经济、人文素养等，最终目的是社会环境的保护和培育，促进居民与环境的和谐关系以及社会和民族的可持续发展[①]。目前，广东不少城市都引入了"社区营造"的理念，如广东佛山鹭洲村就成立"鹭洲村社区营造联合会"，采用"手绘鹭洲、影藏鹭洲、口述鹭洲、家传鹭洲"四种手法，大力推进集"人、文、地、景、产"于一体的社区营造项目，给鹭洲村的社会治理带来新的活力。[②]

第二，要赋予公民更多的主动性。传统的以标准化、"一刀切"和自上而下为主要特征的公共服务供给，容易与社会需求脱节，造成资源的浪费。与此同时，随着经济水平和公民权利意识的提高，公民越来越不满足于"政府配餐"，而要求自己"点菜"。社会治理创新需要更好地回应社会需求，吸纳草根智慧，赋予公民更多的主动性和选择权。如东莞的长富社区在社会服务的提供中，注重考虑居民的实际需求，"点餐"服务制度创立首季度，综合服务中心及各个服务分站和联络点日常访问量上升22%，参与活动的居民积

---

① 《国家—社会视角下的"社区营造"与社区治理》，《青岛日报》2015年10月5日。

② 《国家—社会视角下的"社区营造"与社区治理》，《青岛日报》2015年10月5日。

极性明显提升。①

（三）社会治理主体：从"一元"到"多元"

在现代国家的治理结构中，政府、市场和社会是国家基本治理制度的三大构成要素，三者之间的关系和互动直接决定国家治理模式的基本特征与治理绩效。新中国成立后，为了应对以"政治解组、经济解体"为特征的"总体性危机"②，我国通过一系列制度安排，实现对社会经济生活的全面控制，商品经济和相对自主性社会消失，国家负担沉重、社会发展动力不足。改革开放后，国家大力发展市场机制，试图用市场化手段解决经济社会发展的问题，并在相当大的程度上将教育、医疗、住房等重大社会事务"甩"给市场，由此滋生了不少社会问题。政府与市场手段的轮换以及多次的行政体制改革，仍无法充分解决市场失灵和政府失灵带来的问题，于是，社会的力量开始受到关注，并成为化解政府和市场周期性失灵问题的一个重要途径。

与此同时，当代复杂的治理环境使得政府的不可治理性增大，政府已无法成为唯一的公共问题的治理者。传统的政府大包大揽模式难以为继，在政府之外，社会组织、公民个体等力量的参与显得越发重要。创新社会治理模式的要义，就是要适应社会多元化和流动性强的特点，推动政府逐步向社会"放权"，把不该由政府负责的事项转移到社会和市场上去，把该由政府负责的工作切实做好，充分发挥不同主体的优势，激发社会活力，推动社会治理从国家本

---

① 参见东莞市大朗镇社工委《大朗镇社会治理创新经验参阅材料》（内部资料），2015年11月。
② "总体性危机"这个概念最初是由美国政治学家邹谠先生提出来的（转引自清华大学社会学系社会发展研究课题组《走向社会重建之路》，《民主与科学》2010年第12期）。

位向社会本位转变，减少因政府一元管理而造成的社会矛盾和冲突。

社会治理创新不仅仅是政府管理风格的改变，还是政府社会角色的重新定位和政社关系的重塑。它改变了政府与社群团体、公众在行政生态中的管理与被管理、控制与被控制的关系，强调政府与社会各方的相互协作和相互协调，促进各方利益的有效融合。① 这意味着，除了政府之外，社会组织、企业、公民个人等所有的行动者均可以参与社会公共事务治理，为此，政府需要赋予社会主体更多的合法性。

第一，要明确政府、市场与社会的权力边界。一是政府要按照服务型政府建设的目标要求和社会创新的价值取向，明确社会治理的职能内容，完善自身的社会治理职能；二是要为社会创新主体提供发展空间和政策支持，突破原有管理思维桎梏，引领社会创新发展；三是要用市场经济的思维，善于利用社会资本的优势，动员民众参与社会治理。政府放得下，也要社会组织接得住。

第二，要致力于构建政社之间的伙伴关系。如果政府只是将社会组织作为处理事务的工具，那么两者之间只是实现了物理上的结合，对于政社关系的推进并没有实质性的意义。只有实现从工具性关系到伙伴关系或协作性关系的转变，才真正意味着政社关系的转型和发展。在这个过程中，政府要调动其他主体参与到治理活动中的积极性，并善于吸收和听取其他治理主体的意见，兼收并蓄，实现有效的治理。与此同时，赋予社会组织必要的治理资源和自主性，使其能够进行有效的政策呼吁，进而形成政府与社会组织、公众之间广泛、平等的合作关系，达致"强政府、强社会"的治理格局。

---

① 参见刘雅静《社会治理创新：理论蕴涵、实践困境与路径探寻》，《理论导刊》2014年第10期。

（四）社会治理技术：借力新兴信息技术

在社会治理创新中，除了强调多元主体的互动之外，治理技术的创新也很重要。当前，物联网、云计算、大数据等新兴信息技术在国民经济和社会各领域的应用日益广泛，推动了经济发展方式的结构转型，亦为社会治理创新提供了技术支撑，促进了多元主体间的资源共享和信息获取，构筑起政府、社会组织、公民一体化，点、线、面相结合的动态性、柔性化的社会治理系统[①]，有利于更加精准定位社会治理问题，实现线上线下有机联动，形塑社会治理新机制。

《广东省信息化发展规划纲要（2013—2020年）》明确提出，要推进社会建设信息化，通过信息化的方式开展社会领域基础信息采集工作和分析处理，整合各区域各层级的信息资源，实现资源共享，提升社会治理效能。一是推进城镇管理和服务的智慧化。在城镇运行管理和服务中应用物联网、传感网、云计算、大数据等信息技术，提高社区精细化管理和智能化服务水平，以此改善居民智慧化生活环境。二是推进政务信息资源的整合。通过完善地理空间和自然资源、人口、法人、金融、税收、统计、房屋、社会保险、档案等基础信息资源库，提升省信息资源共享交换平台，使各类信息资源的整合共享得以强化，实现资源的互通共享。三是推进政府公共服务信息化建设。完善省网上办事大厅，连通全省各级政府和部门，形成"横向到省直厅局、纵向到县区镇街"的网上办事体系，实现政务信息网上公开、投资项目网上审批、社会事务网上办理、公共决策网上互动、政府效能网上监察，并实现社会管理和公共服务事项网上全流程"一站式"办理。

---

① 参见刘雅静《社会治理创新：理论蕴涵、实践困境与路径探寻》，《理论导刊》2014年第10期。

第二章

顺德社会创新中心：
一个社会体制综合改革的独特案例

面对经济社会结构的快速变迁，为应对新的社会问题，佛山市顺德区突破原有社会管理体制的束缚，成立顺德社会创新中心这一法定机构，通过搭建平台、链接资源，促进社会发展和进步。2013年，该社会创新中心被广东省社会工作委员会确定为"广东省第二批社会创新试点项目"，在全省范围内进行推介。

本章主要阐述顺德社会创新的背景、特点、经验和成效等，探讨新形势下我国社会创新的路径选择。

一、顺德社会创新的困境、实践模式与效果

社会创新孕育于社会问题和社会矛盾的"母体",与经济社会发展的困境密切相关。社会问题的复杂性和社会需求的多样性,导致单独依靠某一个部门应对的模式难以为继。

(一)顺德社会创新的困境

1. 社会管理体制落后,问题多发

我国原有的社会管理体制是在计划经济时期形成的,具有明显的"强政府弱社会"和政府"一元化"管理的特征,政府主要通过行政化手段管理社会,事实上成为社会管理的唯一主体和社会服务的唯一提供者。

随着工业化进程的加快,顺德流动人口快速增加。2014年9月,全区登记在册流动人口422万人,与全市户籍人口383.5万人相比呈"倒挂"态势,全区登记、列管出租屋40.8万套(栋),出租单元合计144.9万间。顺德流动人口数量在全省仅次于深圳、广州、东莞,位居第四①。由于流动人口的不断增多以及传统社会

---

① 《我市流动人口数量居全省第四》,顺德新闻网(http://www.sc168.com/tt/content/2014-09/02/content_519684.htm)。

管理体制下社会管理的"真空",再加上公共服务供给不足等因素,顺德各种社会问题层出不穷:侵财型犯罪、暴力型的经济型犯罪案件居高不下,刑释解教人员重新犯罪问题突出;经济纠纷、劳资纠纷等不断;失业、无业和低收入群体的就业问题没有得到有效的解决;等等。

顺德社会矛盾的复杂性、社会需求的多样化和社会问题的尖锐化,与社会管理体制落后形成了鲜明对比,容易引发公民与政府之间的直接对抗,导致社会不稳定风险加剧,迫切需要通过社会创新,将政府、社会组织、社会各界人士整合凝聚起来,形成社会治理的合力,才能达致善治状态。

2. 社会创新主体缺乏

改革开放后,政府不再是经济社会资源的垄断者,失去了无所不包、无所不管的基础条件,传统政府大包大揽的做法再也难以为继。但由于长期的管控思维和一元社会管理体制带来社会严重发育不良,社会组织数量少,部分社会组织对政府过度依赖,社会参与机制严重不足,以及社会自我管理能力差,政府与社会组织难以形成良好的互动和合作。此外,企业参与社会治理的情况也不理想。顺德民营经济发达,民营企业总数多达112903家[①],但积极参与社会创新的企业却寥寥无几。

3. 公民参与意识薄弱

公民是社会创新最广泛的参与主体,但我国较缺乏公民参与机制,缺少代表公民自身利益的组织,公民参与实践发育不足,公民参与更多的出于自利动机,对现代社会复杂公共问题缺乏参与的兴

---

① 《佛山市顺德区 2015 年第一季度企业数据报告》,新知网(http://www.xizhi.com/z-area/440606.html),2016 年 2 月 2 日。

趣和能力。

一段时期以来，顺德各种社会劳资纠纷和社会冲突不断，其中最主要的原因就是公民缺乏利益诉求渠道，使矛盾难以得到及时化解。特别是顺德流动人口多，他们对公共事务的参与意识较为淡薄。因此，如何把外来人口和本土居民凝聚起来，提高他们对顺德的社会认同感，并为他们建立一个多渠道的表达利益诉求的机制，就成为一个迫切需要解决的重要议题。

4. 地方治理改革有待深入推进

20世纪90年代初，顺德实施了以产权制度改革为核心的第一波综合改革，政府主动从一般竞争性领域退出，不再直接拥有自己的直属企业，实现政企分开和政资分离；同时通过租赁、公开拍卖、产权移交等方式对大批公有制企业进行产权改革，激发了民营企业的活力，有力地推动了经济的快速增长。然而，此次改革并没有涉及公共治理结构以及社会体制改革方面的内容，加重了经济社会发展之间的失衡。在此背景下，2009年，顺德启动了第二波综合改革实践，以治权改革为核心，调整公共治理权力结构，力图理顺政府、市场、社会与公民之间的关系。①

通过两波综合改革，顺德破除了经济社会转型的体制性障碍，为社会创新的推进创造了制度环境。然而，政府主动自上而下进行的强制性制度变迁需要充分发育的公民社会作为支撑，充分调动起社会各方力量，自下而上建立一种全新的问题反馈和解决机制，上下联动，促进社会发展和社会问题的化解。因此，进一步推进社会治理创新就成为顺德新一轮综合改革的必然选择。

---

① 参见肖滨、郭明《以"治权改革"创新地方治理模式——2009年以来顺德综合改革的理论分析》，《公共行政评论》2013年第4期。

（二）顺德社会创新中心的实践模式与成效

借鉴中国的香港地区及新加坡以法定机构进行社会治理的经验，顺德通过成立社会创新中心全面统筹全区社会创新工作，尝试变革传统的由政府主导的、碎片化的社会问题干预模式，为社会问题找到整体性的解决方案。社会创新中心作为半自治公共部门，通过在政府、企业与社会之间搭建平台、链接资源，架起了政府与社会之间的沟通桥梁，成为顺德社会创新的智库和枢纽。

1. 创新驱动：以法定机构推动社会创新

2012年6月26日，广东省佛山市顺德区第十五届人民代表大会常务委员会第九次会议通过《佛山市顺德区法定机构管理规定》和《佛山市顺德区社会创新中心管理规定》。根据规定，顺德区成立了国内第一个专门履行社会创新职能的法定机构——社会创新中心，明确了顺德社会创新中心的法律地位。

根据《佛山市顺德区法定机构管理规定》，法定机构是指依照区人大常委会审议通过的规范性文件设立，依法履行公共管理和服务职能，具有法人资格，能独立承担法律责任的公共机构。以法定机构形式推动社会创新在全国尚属首例，其实质是逐步实现从政府管理社会向社会管理社会的重要转变。与政府部门和其他社会组织相比，法定机构具有两大优点。

（1）职责法定：确保依法独立运行。法定机构与社会组织最大的区别就在于"法定"二字，即依法而设、据法而为。和香港大部分法定机构一样，顺德社会创新中心的核心架构分为两层，即决策层和执行层。决策层是一个团队，称为理事会，由包括政府在内的各界代表组成；执行层由管理层和执行团队构成，目前共有25人。

社会创新中心按照独立法人机构运作，实行理事会领导下的总干事负责制。主要政策部门顺德区社会工作委员会主要负责制定发展规划和公共政策，社会创新中心作为推动顺德社会创新的执行机构，在法定职责权限范围内具体开展相关业务。顺德区社会工作委员会和社会创新中心严格按照法律、法规和规章的有关规定依法履行各自职责，其中顺德区社会工作委员会依法对法定机构的运作目标、过程和绩效进行监督、协调和指导，确保法定机构依法履行职能；社会创新中心从财务管理、人力资源管理、监督审计等多个方面入手，努力实现管理制度的标准化和规范化。社会创新中心发展规划、财务预算、年度工作计划、年度报告等重要事项报顺德区社会工作委员会审定或者备案；同时，每年4月前将上一年度重要信息形成年报向社会公布。社会创新中心在实践中已将社会监督纳入对自身的监督体系中。自2013年7月底起，社会创新中心开始接收网上意见反馈，46个省级社会创新观察项目在网上接受社会评议。

通过法律制度的形式明确法定机构与主管部门各自的职能范畴以及彼此的职责关系，有利于实现政府决策职能与执行职能的分离与相互制约，强化政府的宏观管理和指导职能，并保障法定机构在微观运行上有法可依、相对独立。

（2）相对独立：法定机构的组织优势。

第一，有利于吸纳社会精英，扩大社会参与。社会创新中心理事会由政府代表、企业家、律师、会计师、文教工作者、社区工作者、社会组织负责人等各类人员组成。如2015年，顺德社会创新中心理事共有12人，其中来自社会各界人士约占2/3，政府部门、群团组织代表约占1/3；按照行业来划分，工商界人士2人，科教等专业人士3人，群团组织代表2人，政府部门代表2人，社会领域代表2人，其中总干事由社会人士担任。[①] 政府代表从政策范畴的角度提供意见，使法定机构在运作过程中能较好地顾及政府的政

---

① 数据由顺德社会创新中心提供。

策和公众的诉求。社会精英通过进入理事会参与决策，不仅提高机构的运行水平，还进一步增进了政社互动和互信，提高公民参与公共政策的积极性。

第二，法定机构具有较多的管理权、人事聘用权和财政自主权。法定机构的职能与政府部门类似，但它不属于公务员体系，而是"半独立"组织。与政府部门相比，法定机构在管理、人事聘用和财政等方面有较大自主权。在人事聘用方面，法定机构工作人员不属于公务员编制，法定机构享有用人自主权，可依实际工作需要合理设置人员岗位，确定人员结构比例，设定人员聘用条件，决定员工薪酬待遇，按公开招聘程序聘用人员，等等。

在财务和筹资方面，法定机构可以实行多样化的筹资措施。社会创新中心经费来源一般包括以下几个渠道：一是政府财政拨款，满足中心日常运作和人员经费需要；二是自营项目或提供服务的收费。

2. 主体培育：打造多元行动主体

（1）依托公益创投，培育社会组织。社会组织是社会创新的主体，它们可以在一定程度上弥补公共物品供给方面的政府失灵和市场失灵。社会体制改革伊始，顺德从事环保、助残、就业、社会服务、社会工作等公益服务类的社会组织数量明显不足，因此，培育社会组织便成为社会创新中心首先需要下大力气的工作。

自2012年起，在顺德区政府的大力支持下，顺德启动了300万元社会组织竞争扶持资金、500万元扶持公益创新的"种子"资金和500万元的镇街社会创新竞争性分配资金，以公益创投大赛的形式鼓励社会组织和基层政府进行社会创新。所谓公益创投，就是将经济生活中的风险投资或创业投资的理念延伸到公益社会组织的培育发展之中，为初创和中小型的公益组织提供包括综合性能力建设在内的创业及发展资助，培育发展具有创新性创意的优秀公益服务组织，有效满足和解决社会公共服务需求问题。①

目前，顺德大多数公益组织仍处于初创阶段。这个阶段的公益社会组织，往往有很好的创意理念和创业热情，但缺乏启动资金、管理经验、专业知识、实施能力和社会信任等。社会创新中心以组织公益创投大赛的形式发掘有潜力、有价值的社会组织并通过对进入大赛的社会组织进行管理、财务、评估、运作等实践性强的相关指导与培训，以及对其提供后期资源支持、宣传支持等，培育社会组织的可持续发展能力和良好口碑。仅2015年，社会创新中心就累计直接为6个项目链接专业义工、企业、基金会等资源支持；借助社会创新论坛、公益徒步、《社会创新》杂志、新媒体等渠道，累计为22个项目提供宣传支持；对夕阳红会社"杏福安乐窝"项目的年轻长者服务年老长者模式、"小脚丫走顺德"项目的收费模式等进行总结提炼，其中"小脚丫走顺德"项目服务活动获得了家长们的高度评价，并受邀参加第四届中国慈展会做经验分享。目前已有两个镇街主动与社会创新中心洽谈项目的复制推广。

顺德区公益创投大赛已连续举办了3届，镇街创新项目评比连续举办了4届，它们有效地带动了基层政府和社会对社会创新的积极参与和大力支持。

在公益创投大赛的激发下，公益创新团体、社会领袖人才不断涌现，仅在2012年到2013年期间，就新增社会组织数量超过200家。顺德社会创新中心作为两个大赛的承办方，依托对项目的跟踪服务，先后培育孵化了一系列社会公益组织。其中，直接成功培育社会组织达40余个，如掐丝珐琅工艺画、梅卡媒体创作中心、阳光公益摄影中心等。经过4年多的发展，社会创新主体日益增多。2015年社会组织数量已达到近1300家，其中3A级以上的社会组

---

① 参见岳金柱《"公益创投"：社会组织培育发展的创新模式》，《社团管理研究》2010年第4期。

织 76 家,居佛山五区之首。

(2)发挥枢纽作用,打造社会组织生态系统。随着社会组织数量呈现井喷的发展态势,仅仅依靠顺德社会创新中心的力量,难以为众多社会组织提供全方位的支持服务,为此,顺德社会创新中心又将重心转向培育枢纽型社会组织。例如,2014 年着力培育新顺德人协会、顺德社会服务联会、齐心社会组织促进中心等枢纽型、中间支持型组织,分别为外来工、社会服务、社会组织规范发展等提供更加专业和细化的支持服务;2015 年重点孵化和扶持环保领域的枢纽型组织。目前,顺德已形成社会创新中心作为穹顶组织、枢纽型组织作为中间支持性组织、众多专业 NGO(非政府组织)服务一线的立体式社会组织生态系统。作为穹顶组织,顺德社会创新中心专注于培育空白领域枢纽型组织、社会组织领导人才培养等;枢纽型组织主要承担该领域会员单位的专业培训、会员拓展资源支持、政策倡议等;一线 NGO 专注于提升服务能力和项目创新,功能相互错位、协同发展。

(3)扶持社会企业,助力社会问题化解。社会企业是一种把社会目标和商业模式相融合,以最大化社会效益为目的的企业形态,日益成为解决社会问题和促进社会发展的一种重要创新模式。

为调动更多社会资金进入公益服务领域,顺德社会创新中心自 2012 年成立以来就致力于社会企业理念的引进和宣传,为推动社会企业从理念到项目实践、进而形成社会氛围做了大量基础性工作;同时,为社会企业项目提供种子资金和场地支持,鼓励和促进社会企业的发展。

2013 年,首家由民营企业创办的社会企业——"永亮善品"正式落地经营。经过一年多的培育,顺德区先后成立圆方中外商务交流服务有限公司、龙江淳爱康园阳光洗车场等 12 家按照社会企业模式运营的企业,服务内容从最开始单一的促进弱势群体就业,逐步扩展到学生校外拓展服务、技能培训、优秀文化海外推介、企业"引进来""走出去"支持服务等多个领域；开办社会企业的主体包括社会人士、企业家、社会组织等，有效地解决了政府单一主体公共服务供给不足的问题。

为支持社会企业更好地发展，2014年9月25日，顺德社会创新中心出台社会企业认定和扶持政策，从资金、培育孵化、人才培养、金融支持等方面给予处于初创期的社会企业以支持，且对社会企业的利润分配做出了原则性的规定。

2015年，顺德社会创新中心在推动顺德社会企业发展方面迈进一大步，希望通过加强社会企业身份的识别等，致力于为社会企业营造良好的社会支持环境。

第一，开启国内社会企业认证先河，取得显著社会效应。2015年5月，组织国内首次社会企业认证。10个社会企业项目申报，3家通过认证，6家成为观察社企。随着认证工作带来的社会效应，有6家筹建中的社会企业主动与中心接洽，平台效应逐步彰显，支持和创办社会企业的社会氛围进一步加强。社会企业的顺德标准及认证工作，引起业内高度关注，显著提升了外界对顺德社企实践的关注度，《公益时报》《中国财富》、北京师范大学中国公益研究院就顺德社企探索开展专题报道和调研。

第二，完善社会企业发展支持体系。例如，在社会企业家培育方面，引进国内顶级社会企业家技能培训项目；在资源链接方面，推荐顺德社企项目参加中国社会投资平台，其中圆方社企顺利入围第一轮；在社会企业运作实践方面，实施顺德社会企业定期走访，并定期开展交流活动，邀请企业家为社会企业完善商业模式、拓展营销渠道等提供支持。同时，借助大型活动和对外交流等机会推介社会企业及其产品。

第三，合作网络拓展成效显著。积极链接国内外社会企业枢纽资源，如与英国大使馆文化教育处、中国社会企业和社会投资联盟两大社会企业支持枢纽建立合作关系，吸引了国际著名投资专家和公益慈善家奥利弗·罗斯柴尔德先生、欧洲"社会企业教父"迈克尔·诺顿、英国社会企业风投机构 BGV（Bethnal Green Venture）来顺德与企业、基金会、社会企业进行交流，洽谈合作项目，并已促成其与圆方达成合作，向更多企业家推介社会企业理念、国际趋势和优秀案例。

第四，搭建社会创业者联盟，团结和凝聚社会创业者。首批会员单位包括区产业服务创新中心、区中小企业促进会、区职业经理人协会等 17 家单位，凝聚商业智慧，聚焦社会关切，推动社会创业。

(4) 加强人才建设，培养社会创新人才。截至 2015 年 4 月份，顺德全区的专业社工从业人员仅 561 人。[①] 为解决顺德区社会工作人才短缺问题，顺德社会创新中心探索以实践为导向、以项目为载体的人才培养计划。

第一，策划主题培训。结合顺德社会发展不同类型的服务需求，着眼区内社会发展的不同领域，面向政府、企业、学界和社会组织等致力于顺德社会建设的人员，举办不同主题的系列课程培训。例如，引进国内顶尖社会企业开展企业家培训，引导企业培育相关人才；根据学员需求开展公益传播官、社会组织运营管理专题培训；组织学员外出交流学习；邀请港澳台地区不同领域的专家、学者，为顺德社会改革和发展献计献策。

第二，开办深造研修班。致力于打造顺德社会组织管理人才高端课程，以 31 个镇（街道）社会创新项目代表为主体培训对象，切实履行培育社会创新人才、推动社会组织发展的职责。

第三，举办公益沙龙。邀请在特定领域有研究造诣和实务经验

---

① 《佛山一社工入选 2014 年度百名全国最美社工》，广佛都市网（http://www.citygf.com/FSNews/FS_002003/FS_002003003/201504/t20150403_5625655.html），2015 年 4 月 3 日。

的嘉宾进行主题演讲和交流,在思想碰撞中找到解决社会问题的新方向和新思路。集合各领域专家的智慧与力量,把各界精英的目光聚焦在顺德社会的主要矛盾上,为顺德社会建设和创新发挥导向作用。

第四,启蒙公众社会创新意识。顺德社会创新中心与区决策咨询委员会合力开启了公民类讲堂项目"凤城讲堂",2013年总共开展了32期,为公民搭建了一个为顺德社会发展出谋献策的平台。

3. 运行机制:以问题导向推动跨界合作

(1)问题引导:通过调研精准定位创新需求。在社会创新的实践当中,如何识别需求或问题历来都是最核心的问题,但也是最易忽视的问题。① 顺德社会创新中心从本土需求出发,立足现实,围绕社会创新主题和社会创新中心四大核心业务,对社区营造试点、企业社会责任、社会企业运营情况等展开了一系列的调研。

第一,开展社会企业研究。一是开展区内社会企业调研。全面调研顺德区内按照社会企业模式运营的项目,梳理全套数据,包括注册资金、商业模式、营销渠道,以及经营中存在的问题,为开展社会企业认证、有针对性地拓展社会企业支持性服务奠定基础。二是先后举办"中美战略慈善工作坊"等,与国内外专家就社会企业认证和行业标准体系建设问题进行交流碰撞,积极参与国内社会企业标准前沿研讨和交流。

第二,开展顺德区基金会调研。自2010年以来,顺德非公募基金会快速崛起,从零发展到11家,成为企业家参与公益的新形式。为推动社会创新基金会的筹建工作,顺德社会创新中心启动了顺德区基金会调研工作,在缺乏民政部门基础数据的情况下系统梳

---

① 参见苟天来、毕宇珠、胡新萍《社会创新过程及其面临的局限》,《中国行政管理》2012年第9期。

理了全区13家基金会的基本情况，走访了区内8家基金会，充分挖掘和了解基金会的需求及其在运行中存在的困难，探寻与其进行合作的可能性，最终形成了顺德区基金会调研报告。

第三，社区营造试点调查。顺德社会创新中心对9个社区营造试点和6个城市小区治理创新观察点进行了调研，总结其中的经验和问题，探讨改进措施，形成《顺德区社区营造调研报告》，并据此起草了《顺德区推进社区营造总体计划》政策倡议。

（2）平台搭建：凝聚创新共同体。社会创新强调的是政府部门与企业之间、政府与公民之间的合作与互动。顺德的社会创新除了要培育创新主体外，还需要在社会创新中心的驱动下，搭建一个相互交流、协商、参与和交易的平台，让政府权力和社会力量相互共存、相得益彰。

第一，社会创新交流平台。为了适应社会创新开放和主体多元化的特点，顺德社会创新中心通过以下方式搭建了社会创新人才的交流平台。一是启动"汇贤50"社会工作人才计划，建立起涵盖社会福利、工商、高校等界别的社会工作人才培育交流平台。二是精心打造社会企业家培育计划，链接圆方社企等资源，联动英国大使馆文教处举办学员交流及项目技能培训，吸收11名顺德本土社会企业家先锋成为学员。三是广泛开展对外交流与合作，先后派员赴韩国及国内的台湾、香港、北京、天津等地进行交流考察，并对顺德的社会创新案例进行推广。邀请台湾、香港、北京、深圳等地专家学者来顺德考察社会创新工作并分享经验，与中国公益研究院、友成基金会等机构建立了战略合作伙伴关系。

第二，社会创新参与平台。一是积极打造公众参与平台。为启蒙公众社会创新意识，凝聚公众社会创新智慧，提升公众对社会的关注度和参与度，截至2015年年底，顺德社会创新中心共举办33期"凤城讲堂"，邀请来自公益界、学术界等行业专家学者作为嘉宾，内容涵盖区域发展、改革创新、社会参与、文化保育，为顺德市民带来社会创新思想盛宴，吸引了超过 3000 名听众；举办"社会创新·我能行"公益徒步活动，吸引近 200 个单位、4000 余市民参与，募捐的同时最大程度播撒了爱心、宣传了公益；通过网络发布的方式，邀请市民对社会创新中心工作绩效进行评价。[①] 二是打造企业参与平台。通过启动顺商关爱计划，走访包括格兰仕、松下等 20 多家企业，鼓励顺商结合自身资源进行公益创新，促进顺商和公益领域的战略性合作，实现顺商对社群的关爱帮扶，并通过企业社会责任认证，帮助企业进行社会影响力投资，助力企业转型升级。

第三，社会创新交易平台。为了有效整合顺德碎片化的社会服务需求和资源，减轻政府监管压力，更好地服务社会创新，顺德社会创新中心建成国内第一家对接社会服务需求、资金和服务的综合性平台——社会服务交易所（线下），并成立社会服务联合会来负责运营。同时，社会创新中心借助互联网思维，同步搭建社会服务网（线上），通过社会服务线上线下同步探索建立一套社会服务市场交易机制，打造一个面向政府、商界、社会组织、基金会、公众的公共服务平台，实现社会服务专业化、规范化发展，有效促进了社会各方资源的对接。

（3）资源链接：多方保障资源投入。

第一，社区营造激活社会资本。2013 年，借鉴香港、台湾的社区营造经验，顺德选取了杏坛逢简、伦教仕版、北滘君兰等分别代表顺德农村、城乡接合部、城市三类社区形态的试点开展社区营造工作，2014 年新增杏坛马东、乐从路洲、勒流黄连、伦敦霞石 4 个试点。

通过社区的营造，提升了居民对社区的归属感和参与度，激活了社区的社会资本，使社区发展模式有了一个全新的突破。如杏坛

---

① 参见齐振彪《顺德综合改革蓝皮书》，中山大学出版社 2014 年版。

逢简构建了"一一三"社区综合发展模式，促进了多元主体间的参与合作。勒流黄连也成立了黄连社区营造协会，吸纳39名黄连籍企业家、社会贤达不领薪酬，义务成为会员，以期带动社区全体居民成为关心社区发展的共同体；同时，通过建立居委会、业委会、物业公司、开发商等利益相关方的民主协商机制和社区共建，有效减少了物业纠纷，改善了社区环境，提高了社区居民的幸福感。

第二，多渠道资金保障机制。顺德面积806公里，辖10个镇街，202个村（社区），狭窄的面积却集中了近3万家企业。针对顺德独特的产业优势和资金优势，社会创新中心开展了多渠道的资金筹措机制，充分调动了社会资本和公益基金参与社会创新。

创新资金来源之一：企业资金。2014年1月，顺德社会创新中心启动了"顺商关爱计划"，通过打造典型案例，形成示范效应，鼓励企业利用自身优势资源履行社会责任。此外，2014年社会创新中心还确定了首批10家试点企业，目前已促成多个企业合作项目，包括顺之旅国际旅行社的"10＋10公益旅游计划"、顺德大管家设计装饰工程公司的"弱势社群住宅修缮服务""珠江教育家庭教育进村居"以及顺德区建筑装饰协会的"装修暖流计划"等。通过整合多方资源，社会创新中心为企业广泛链接了各种资源，延伸了企业员工、企业负责人、供应商共同参与，不但提升了企业的品牌形象，还帮助企业实现了企业经济效益与社会责任的相互支撑、良性互动。

创新资金来源之二：政府资金。2012年，顺德区举办了公益创新大赛，通过向社会征集创意点子和操作方案，提供单项最高50万元、总额500万元的竞争性资金，用于资助和扶持符合"扶老、助残、救孤、济困"宗旨的公益服务项目和公益服务组织。此后，杏坛、伦教、乐从等镇（街道），慈善会、基金会等社会组织也陆续开展此类比赛。至2015年年底，顺德区公益创新大赛已连续举办3届，分别收到139和238个申报项目，这些项目贴近本土社需求，成功带动全社会的公益创新热情。目前，已有超过70个机构或项目获得了"种子资金"，极大地调动了全社会公益创新的热情。

创新资金来源之三：社会民众资金。2015年，社会创新中心与广东省千禾基金会、中国扶贫基金会达成战略合作，全面提升第二届"社会创新·我能行"公益徒步活动的参与机制与内涵，实现了四重功能。一是打造了透明便捷的互联网公益参与平台，提升了公众的公益体验，以联合劝募形式为顺德17个优秀公益项目筹集65.61万元善款。二是开放与共享平台，引入众筹模式，调动了公益组织拓展资源的积极性。参与队伍350支，实际参与人数约2000人，参与捐赠6837人次，参与企业及机构146个，形成较大的社会影响力，筹款总额较2014年增长2倍多，参与人数增长近1倍，参与队伍数量增长75%。三是以活动体验结合公益筹款，获得了较大的公益宣传效应，有效地促进了公众认知公益、参与公益的积极性。四是显著地扩大了中心的资源联动网络。通过公益徒步活动，中心与企业、商协会、公益组织等146个机构建立了联系，对联动多方资源、拓展合作网络起到了重要作用。通过这个活动，充分带动了基金会参与其中，为源源不断的资金注入社会创新提供了有力保障。① 此外，顺德区还开展了"公益嘉年华"活动，吸引了近200个单位、4000余名市民参与，带动了更多的人参与社会建设。

第三，跨部门智力支持机制。社会创新需要智力支持。顺德社会创新中心通过面向社会公开征集和定向邀请，与中山大学公益研究中心、中国公益研究院、新加坡国立大学东亚研究所、友成基金会等知名研究机构建立了学术关系，初步成立了包括社会创新领域的专家学者、企事业单位及社会组织、社会服务、社会企业代表、社会贤达等，由22人、4个组别共同构成的社会创新顾问团，为社

---

① 资料由顺德社会创新中心提供，2015年11月。

会创新引入了外部的学术资源，并提供持续的智力支持；多次举办社会创新论坛，邀请来自新加坡和国内台湾、香港知名高校、研究所的专家学者以及顺德本土社会创新实践者，就社区营造、社会企业等社会创新议题开展交流讨论，学习国内外先进的社会创新理论和实践经验。引入先进创新案例并落地顺德。例如，针对小区治理中存在的问题，引进了天津"丽娜模式"，选定在伦教海悦明居等小区推广自主物业管理模式；通过对大型户外活动"益动广州"的筹款模式进行分析，为顺德成功举办"社会创新·我能行"公益徒步活动提供参考及借鉴。

（4）成果推广：扩大创新的社会影响。为了扩大顺德社会创新中心的影响力，给全国其他地方开展社会创新提供借鉴，顺德社会创新中心建立了自己的官方网站、微博、微信、宣传片、《社会创新简报》（月刊）"五位一体"的社会创新宣传网络，并通过常态化运作机制，形成了集信息发布、资源联动、公众互动、优势互补的宣传渠道；建立与本土媒体的长期战略合作伙伴关系，如协助《珠江商报》开设"公益顺德"专版等宣传平台，以主流媒体的优势宣传顺德社会创新的实践成效；出版《社会创新》杂志，具体内容包括社会创新最新动态、专题策划、经验交流、案例分析等，介绍国内外先进社会创新经验，传播顺德社会创新理念和实践案例。《社会创新》杂志还通过与顺德图书馆等单位建立合作，进一步拓宽了传播渠道，使读者群体更为广泛。通过这一系列的努力，取得了良好的宣传和影响效果。

第一，据不完全统计，截至2015年11月，顺德社会创新中心累计接待政府、研究机构、社会组织、企业等200多批次来中心参观交流，很好地发挥了窗口作用，促进了相互间的借鉴与学习。

第二，由于中心在社会创新领域卓有成效的探索，国内外知名平台机构、投资机构纷纷来顺德洽谈社会创新合作。例如，英国大使馆文化教育处、中国社会企业和社会投资联盟、亚洲环保创新论坛等平台机构纷纷与顺德社会创新中心建立合作关系；著名财富家族罗斯柴尔德家族成员、英国社会创新之父迈克尔·诺顿先后来访顺德，并已与顺德本土基金会、社会企业在社会创业及社会投资领域达成合作意向，为顺德社会创新提供了更广阔的资源支持平台。

第三，为其他地区的社会创新树立了学习典范。利用自身的独特优势，顺德社会创新实践开始进行业务输出。珠海市金湾区来顺德洽谈社区营造领域的合作，从侧面体现了顺德基于本土的实践探索进行复制和推广的潜力，也将使顺德社会创新实践产生更广泛的社会影响力。

二、顺德社会创新的路径选择

（一）政社分开：进一步厘清政社关系

各类组织职能的明确区分，是国家、市场和社会诸领域良性发展的必然要求，也是社会创新的基本前提。社会创新的困境表现在社会层面，但其症结却是在政府一方，社会创新需要解决政府部门与各类社会组织之间的目标重叠和功能混淆问题，实现政社分离，厘清政社关系。

1. 理念转变：从政府主导到政府支持

从政府创新到社会创新的理念变化反映了顺德区政府在进一步调整政府与社会关系，在创新性解决社会问题方面强调社会的主导作用以及政府的支持作用。但社会创新与政府创新并不是对立的,两者在以下几个方面有所不同。

(1) 从治理主体来讲,政府创新的主体是政府,是政府从其自身出发协调各方利益关系,从而实现管理的市场化、弹性化、主体多元化、政府组织扁平化[①];社会创新的主体是多元的,可以是政府、企业、社会组织、基金会、公民等。

(2) 从政府角色定位来看,在政府创新中,政府居于当然的主导地位,政府创新重视引入非营利机构甚至私营部门,强调多元合作治理,在我国具体体现为"党委领导、政府负责、社会协同、公众参与"的格局,党委和政府仍然居决定性和主导性地位;社会创新不排斥甚至需要政府和企业参与创新的实施和推广过程,但它首先强调和关注的是公民社会的主动性和首创精神[②],政府在社会创新过程中是支持性角色而非主导性角色。

(3) 从实现目标来看,政府创新的目的是通过精简机构、优化组织流程,实现政府管理和社会服务的高效;社会创新则是以推动社会变迁和追求社会公正为使命,以解决社会问题、创造社会价值和追求社会影响为目标。[③]

2. 简政放权:不断释放社会空间

20世纪90年代,顺德综合改革主要是以产权改革为核心,通过厘清政企之间的关系,促进了顺德民营经济的大发展,但并没有涉及公共事务治理和社会管理方面的变革,由此带来顺德经济社会

---

① 参见周达、宋俊良《政府创新、公务创新、社会创新的内涵及比较研究》,《中国行政管理》2008年第1期。

② 参见张强等《中国社会创新的阶段性特征》,《经济社会体制比较》2013年第4期。

③ 参见周红云《中国社会创新的现状与问题——基于两届"中国社会创新奖"项目数据的实证分析》,《经济社会体制比较》2014年第4期。

发展失衡和社会问题的多发，反过来也约束了顺德经济的进一步发展。2009年开始的第二轮综合改革，顺德以"治权"[1]调整为核心，通过简政放权打造"大社会、好社会"。社会治理是政府的当然责任，但这并不意味着政府是社会治理的唯一主体，也不意味着所有社会事务都由政府包揽，社会服务领域向民间资本和社会组织开放是社会创新的条件之一。[2] 在改革的背景下，顺德区政府一是稳步推进行业协会政会分开，使行政化倾向得到了较好的解决；二是对工商经济类、社会福利类、公益慈善类、社会服务类等社会组织采取直接登记的管理模式；三是对活跃于社区、服务于基层群众的城乡基层群众生活类社会组织实行降低登记门槛和简化登记程序的措施，进行间接和枢纽式的管理。

（二）政府扶持与社会成长

社会创新离不开公民社会的成长，但"在中国，私人与国家之间具有一种协同关系，即一方面要求减少国家干预，另一方面又离不开政府的扶持，政府承担着引导市场发育和促进公共领域发展的历史使命"[3]。在社会培育方面，顺德区政府的扶持主要包括两个方面。

1. 政策与资金扶持

社会创新的活跃程度与地区的政策资源高度相关[4]。为顺利推动改革，中共广东省委、省政府赋予了顺德地级市管理权限。在上

---

[1] 参见肖滨、郭明《以"治权改革"创新地方治理模式——2009年以来顺德综合改革的理论分析》，《公共行政评论》2013年第4期。
[2] 参见何增科《社会创新的十大理论问题》，《马克思主义与现实》2010年第5期。
[3] 张健：《当代中国社会创新：公民社会转型与国家孵化原则》，《人文杂志》2009年第6期。
[4] 参见张强等《中国社会创新的阶段性特征》，《经济社会体制比较》2013年第4期。

级政府的大力支持下，顺德区加大对社会组织的扶持培育力度：一是出台《关于规范社会组织管理　加快社会组织发展的实施意见》，为顺德区社会组织的发展指明方向；二是建立政府向社会组织购买服务的机制，逐步将部分社会事务管理职能以及市场竞争机制能够调节、社会组织能够自律管理的事务转移出去，为社会组织发展拓展空间；三是以社会创新中心为平台，建立社会组织孵化基地，为社会组织提供人员培训、技术支持、管理咨询等公共服务。

除政策支持外，顺德区政府建立社会组织发展专项资金，并制定《关于建立顺德区社会组织发展专项资金竞争性分配制度的意见》，对重点发展领域贡献突出、有发展潜力的社会组织给予支持。

2. 组织支持：社会创新的驱动器

在政社分离的改革趋势下，为推动社会创新，顺德区政府借鉴香港和新加坡等城市的社会治理经验，采取法定机构组织形式，组建推动社会创新工作的专门机构，驱动顺德社会创新。社会创新中心为顺德各类企业和社会组织的社会创新提供系统性支持，推动社会创新组织可持续性发展，对顺德社会创新发展起了关键性作用。社会创新中心通过搭建平台、链接资源，游走在政府、企业和社会组织之间，不断突破传统三大部门的组织边界，整合碎片化的社会资源和创新力量，成为顺德社会创新的"梧桐树"，吸引越来越多前来栖息的"凤凰"。

3. 公民社会的成长

在资金和政策支持下，顺德公民社会不断成长，主要表现在社区社会资本的生成、社会创新行动者的增加和公民有效参与的不断扩大等方面。

（1）从外部输血到自我造血，社区社会资本不断增长。社区是社会治理的最小单元。作为外部组织的社工机构，一方面，通过开展服务，发掘社区骨干及活跃分子，鼓励他们建立社区组织，并逐步放手让社区组织发挥作用；另一方面，联动村（社区）自治组织，为社区组织开展服务、解决社区问题提供资源支持。

（2）创新行动者不断增加。一方面，通过扶持建立社会企业和推动本土企业投身公益，将商业思维与社会公益相结合，促进企业的可持续性增长；另一方面，通过社会创新中心的公益创投，为社会组织提供资金和全程培训。此外，通过公益嘉年华、社创慈善夜、"社会创新·我能行"公益徒步等活动，激发公众参与热情，公民有效的社会参与不断扩大。

（三）问题导向下的政社合作

政社分离、社会培育的最终目的是促进政社合作，通过合力，创新性解决社会问题。顺德社会创新中心以社会问题为导向，以社会创新为平台，将政府自上而下推动、组织、实施社会创新的力量与公民社会自下而上的、自发或有组织地对社会提出改革创新的意见和思路结合起来，促成政社合作，推动社会创新发展。

1. 创新主体：从一元走向多元协同

在顺德社会创新中心的驱动下，政府、研究机构、基层自治组织、社工机构、社区组织和居民等多元主体的力量建立了合作关系。研究机构负责在调研基础上进行理论创新，为改革探索提供理论指导；政府部门负责行政系统内部各个部门之间的协调和提供一定的经费支持；自治组织负责调动和整合基层组织资源，激发内生创新动力；社工机构负责提供社区服务，培育社区组织，引导社区居民建立社区事务协商和决策机制；社区组织协助整合社区资源，调动居民参与；居民则从自身需求出发，通过亲身参与，促进社会问题解决。

2. 创新过程：从封闭走向开放

为打破社会服务需求信息和资源的碎片化状态，促进社会服务需求与社会资源有效对接，同时改变社会组织服务信息公开程度不足的状况，缓解政府对购买服务项目的巨大监管压力，顺德社会创新中心建立了国内第一家对接社会服务需求、资金和服务的线上线下综合性交易平台，通过探索社会服务市场交易机制，打造一个面向政府、商界、社会组织、基金会、公众的公共服务开放平台。通过信息发布、项目推广，实现需求和资源对接，引导社会组织提升专业服务，将政府从繁重的监管压力中解放出来，并为社会组织拓展多元化资源提供机会。运营一年多来，社会服务交易所影响力逐步提升，通过交易所和交易平台对接的项目和资金额呈快速增长趋势。

3. 创新资源：从分散走向整合

创新资源的有机整合影响着社会创新的实现，而顺德社会创新中心是资源整合的有效工具。社会创新中心通过搭建各类平台，在政府2000万元区级种子资金带动下，镇街政府对社会创新的配套投入超过5000万元，以社会企业模式运营创新项目，带动社会资金投入2000余万元。[①] 在社会创新中心的努力下，顺德将政府资金、基金会资金、企业资金、众筹资金等资金链接在一起，有效解决了社会创新资金保障问题。在了解本土基金会的服务需求、发展中存在的问题和与中心的合作空间的基础上，顺德社会创新中心与国强基金会联合举办首届本土基金会交流活动，与陈村丽成基金会达成初步合作意向。社会创新中心下一步还将积极促进社会组织与本土基金会之间的合作。

---

① 参见顺德社会创新中心《顺德区法定机构调研汇报》（内部资料），2015年11月。

4. 创新领域：从单一走向多元

顺德社会创新领域不断拓展，从最初扶贫济困等针对弱势群体的传统社会公益类创新项目，不断拓展到对外交流合作服务、学前教育、家庭养老等社会服务领域。2015年，社会创新中心在顺德区社工委、顺德区环运局支持下，将社会创新实践拓展至环保领域。以"枢纽协调、平台支持、社会参与"为推进思路，一是挂牌成立并运作顺德区环保发展中心；二是成立社会创新基金会环保创新专项基金，并获得首批3家民营企业共30万元资金支持；三是筹备注册成立顺德区环境保护协会；四是联合何享健慈善基金会，举行首届环保公益挑战赛，发掘和支持顺德民间环保力量；五是拓展外部专业支持，与亚洲环保论坛建立战略合作关系，探索在人才培训、项目扶持等方面的合作机制。

第三章

需求导向、多元参与、信息技术与治理结构

——来自东莞市大朗镇长富社区"微自治"的经验

作为广东"四小龙"之一,东莞市与珠三角其他城市一样,面临着快速城镇化后的诸多社会治理难题。本章主要介绍东莞实现社会自治下沉以实现社区治理的做法和经验。

一、东莞市社会治理创新的背景

（一）快速城镇化下的东莞市

东莞市得天独厚的地理环境，为其发展带来了契机。东莞的人口结构自 2000 年以来发生了迅速变化。从 2000 年到 2014 年，东莞市城镇人口占总人口的比重增加了近 29 个百分点。2000 年，东莞的城镇人口仅占常住人口的 60.04%，是珠三角地区城镇化水平最低的城市；到 2014 年，东莞城镇人口占总人口比重已达 88.81%，位列广东各市第三[①]，超过了省会广州和珠海、汕头特区。总体而言，东莞市呈现出就业人口多、流动性强、学历较低、年龄较轻的人口特点。

东莞快速城镇化的另一个重要标志是特殊的产业结构。2014 年，东莞市的第一产业、第二产业、第三产业的比重分别为 0.3∶45.9∶59.8，东莞已经基本实现工业化。2014 年，市本级的财政收入 455.21 亿元，城市居民平均年收入 36764 元，农村居民收入为 22327 元。[②] 可以看出，东莞市已经完全迈入中等收入城市行列，如果治理不当，可能存在"中等收入陷阱"的风险。产业结构的特殊性意味着东莞需要有大量的劳动力作为支撑。在东莞镇街的

---

① 作者根据《2015 年广东省统计年鉴》计算而成。
② 参见东莞市统计局《东莞市 2014 年国民经济和社会发展统计公报》。

各个社区,存在大量的出租屋集聚区,数量庞大的流动人口对东莞的城市治理是一个极大的挑战。

快速城镇化下的东莞在政府层级的设置上具有特殊性。东莞市是全国4个不设区县的地级市之一,行政结构扁平化特征明显,有利于上传下达,提高行政效率。目前,东莞共有市、镇、村三级架构,下辖28个镇、4个街道办事处。2002年,为实现社会管理创新、产业结构调整、区域统筹发展,东莞市推行了"村改居"改革,以推进村级体制改革、建立基本公共服务均等化的城乡社区服务体系。2004年,继"村改居"开展以来,东莞又推出了农村股份合作制改革,以便更好地适应"村改居"中农民身份的变更和解决集体资产的处置问题。

(二)城镇化下东莞的治理难题

利用30多年改革开放的先发优势和自身的区位优势,东莞的经济社会迅速发展和变迁;同时,也遇到了诸多的治理难题。其治理难题主要体现在四个方面。

1. 治理主体之间的关系协调困难

随着经济的快速发展和社会结构的巨变,多元主体不断参与到社会治理过程中,包括社区居民、业主委员会、物业公司、社会组织等,但他们各自的利益诉求不同,如何调协多元主体之间的关系,实现彼此之间的良性互动,是社会治理过程中必须解决的重大课题。

2. 公民的参与意识较为薄弱

东莞市经济的快速增长导致大量外来人口涌入,2014年年末,东莞市的常住人口约834.31万人,其中户籍人口191.39万人,外来人口 642.92 万人，外来人口占比 77.06%。① 这些外来人口对社区认同度较低，对社区公共事务的参与意识不强。我们强调实现党委领导、政府负责、社会协同、公众参与、法治保障的社会管理格局，就离不开广大公众的积极主动参与。因此，如何实现数量庞大的外来人口有效的利益表达，并提高他们参与社会治理的热情，最终形成共建共享的包容性社会治理格局，就成为一个亟须解决的重大课题。

3. 公共服务供给的针对性不强

快速城镇化使东莞的社群结构和空间结构发生了巨大的变化，导致了多样化的社区类型，如传统的城市社区、新型的楼盘小区、农村社区、拆迁安置社区、工厂聚集社区和出租屋社区等。不同类型的社区居民有着不同的利益诉求。近年来，尽管东莞市政府加大了公共服务投入，但由于是自上而下行政化供给，容易出现"一刀切"现象，针对性不强，居民的"获利感"并不强。如果政府不能及时调整自己的服务策略，以需求为导向来提供公共服务，就有可能"好心做坏事"。

4. 社会治理的社会资本缺失

社会资本是社区治理的润滑剂，"社会资本能让公民更加轻松地解决集体行动问题，在一定程度上克服所谓的'集体行动困境'，在人们能相互信任以及在社会成员可以重复互动的地方，日常的社会交往成本将会大大降低"②。缺乏社会资本的社区，常常会产生集体行动问题，"搭便车"现象严重。东莞市在快速城镇化过程中，外来人口的集聚使原有的"熟人社会"结构被逐渐打破，社区社会

---

① 数据由东莞社会工作委员会提供，2015 年 11 月。
② [美] 罗伯特·帕特南著：《独自打保龄球：美国社区的衰落与复兴》，刘波等译，北京大学出版社 2011 年版，第 4 页。

资本重建问题突出，人与人之间的互动大大降低，社区归属感不强。

二、大朗长富社区明上居小区"微自治"模式

针对社会治理中的难点与重点问题，东莞市加大了社会治理创新的力度，在广东省社会建设"1+7"纲领性文件的指导下，推出一系列社会治理创新的举措，出台了"莞版改革三十条"，即《东莞市创新基层社会治理综合改革实施方案》（东委办发〔2014〕17号）。在此背景下，东莞市于2014年颁布了《创建东莞市样板社区工作方案》（东社委〔2014〕19号）以及《创建东莞市样板社区"以奖代补"实施方案》（东社委〔2014〕25号），旨在对全市的楼盘小区治理进行样板创建，实现管理服务科学化和标准化。东莞市大朗镇长富社区明上居小区是典型的大型楼盘小区，外来人口众多，利益诉求不一，治理问题较为突出。长富社区在探索社会治理的有效途径的过程中，将明上居作为样板社区进行全面创建，形成了以"微自治"为核心的楼盘小区治理模式。

（一）重设自治单元："微自治"的基础

1. 政经分离、服务优先

进入21世纪以来，东莞市掀起了楼盘小区建设热潮，出现了大量的新型城市楼盘小区。楼盘小区的增多给社会治理带来了挑

战：当土地通过招投标被开发商建成小区后，原有出让土地的社区（村）组织不复存在，出现治理主体的缺位，造成了楼盘小区公共服务供给的困境，存在诸如物业公司与业主之间的关系紧张、小区社会关系冷漠、业主入户难、治安环境差、生活配套设施不全等问题。2008年东莞市出台《关于在各镇街、市属园区成立新型社区居委会　解决基层入户难问题的决定》（东委发〔2008〕17号，以下简称《决定》），旨在解决社区人口入户难和治理失序等问题。《决定》规定"各镇街、园区必须设立至少1个新型社区居委会"。新成立的社区完全剥离了政府的经济职能，专注社会管理与公共服务，社区居委会的经费完全来源于财政拨款。新型社区的成立，为社会治理创新尤其是社区治理提供了契机。

大朗镇长富社区就是在这样的背景下成立的。长富社区位于大朗镇中心区，面积约1.58平方公里，辖碧水天源、明上居、金域蓝湾等18个楼盘，户籍人口3000多人，常住人口达3万人。相对于其他社区而言，长富社区人口素质较高，公民的公共意识较为突出，对公共服务的需求也较高。2008年3月，新型社区成立后，社区经费完全依靠镇财政统筹解决，真正实现政经分离。政经分离的社区属性，为提供高质量的公共服务奠定了基础。社区成立伊始，就特别重视社会管理与服务的职能，先后推出了一系列的社会管理创新举措。

2. 自治下沉、立足小区

城市居民是一个拥有多样化、多层次、多类型的相关利益和利益相关体。实现居民自治，必须考虑社区居民是否有着利益相关。相关利益和利益相关程度决定了在社区以上单元适宜实施代议制，而社区以下单元最适合自治。① 奥尔森在《集体行动的逻辑》一书

---

① 参见邓大才《利益相关：居民自治有效实现形式的动力基础》，《东南学术》2014年第5期。

中也明确指出，小集团更具有凝聚力和有效性，更容易实现集体行动。[①] 东莞市复杂的城市社会生态使社区内部群体复杂多样，居民之间利益相关性低；社区规模辐射半径太大，不具备进行集体行动的适度规模，加大了社会治理的难度，以至于社会矛盾累积在村、社区下面的二级治理单元，如楼盘小区、工厂宿舍区、拆迁安置小区等。

大朗镇长富社区是以管理楼盘小区为主要目的而成立的新型社区。社区内各个楼盘小区之间的利益关联度低，是典型的陌生人社会。18个楼盘小区的规模也过大，不适合开展自治活动。但楼盘小区内部由于享受共同的公共服务、活动场地、生活娱乐设施而适合居民开展互动。因此，样板社区的创建单位放在了楼盘小区上。为此，长富社区将居民办事窗口下沉到小区，设立明上居、金域蓝湾、凯悦美景等5个社区服务中心，缩短了民众办事路程，提高了社区居民办事效率。除此之外，长富社区也将治理重点放在各个小区的服务供给上，引导楼盘小区实现自治，创建"小区共同体"。

新世纪明上居小区（简称"明上居小区"）是长富社区的代表性楼盘小区之一，该小区于2014年入选市级样板社区八大创建试点之一。2015年5月，明上居小区顺利通过市样板社区验收组的考评，并且创建成绩全市第一，获市财政资金奖励80万元。小区内居民有新莞人、有本地户籍人员和国际友人等，人口构成较为复杂，彼此之间"各住各家、交往较少"。但明上居的居民素质普遍较高，从事知识型职业的人员较多（如教师），小区自治基础较好。在样板小区的创建过程中，明上居成为长富社区创建样板的首选，并在社区引导下成功实现了居民小组、业主委员会、物业公司、社会组织等主体的多元共治。

---

① 参见[美]曼瑟尔·奥尔森《集体行动的逻辑》，陈郁、郭宇峰、李崇新译，上海三联书店、上海人民出版社1995年版。

（二）完善自治过程："微自治"的具体做法

1. 按需解决："微自治"心愿征集

2014年，长富社区改变了以往的服务供给方式，居民由"被服务"改为"点服务"，服务项目的设定和开展以满足社区居民需求为导向，变传统社区服务的"中心配餐"模式为"群众点菜"模式。长富社区是新型社区，本身没有经济来源，公共服务供给能力有限，更需要有针对性地为居民提供最需要和最迫切的服务，而"群众点餐"服务正好可以将有限的资源有效利用起来。社区每季度设计常规服务项目数为开展量的150%以上，设计完成后制成季度服务清单，由社区居民用投票的方式确定服务是否执行，确保社区服务资源的最优配置。

（1）进行需求调研。为了保证150%服务项目设计量的有效性，每个季度在制定和规划服务项目前，长富社区的综合服务中心都要开展需求调查，小区联合社工、志愿者每年组织4次居民需求调研和访谈，深入各个楼盘了解居民需求；同时，按照年龄层次、收入层次、文化层次分别设计调查问卷，调研结束后，社工将需求进行分类整理，辨别普遍性需求和个性化需求。广泛而深入的社区调研，是对居民需求信息的初步筛选过程，而服务设计之后的"点餐"，则实现了居民需求的二次过滤，而后做出的决定才具有针对性、时效性。

（2）开展网络投选。在服务中心对收集的服务需求进行分类汇总和编排后，生成各项活动清单即"餐单"，并在网站上晒出与大朗社工志愿者网、长富社区网、社区微信、社区综合服务中心微博等建立链接通道，在社区居民活动地带、各小区服务分站悬挂点餐二维码，居民可通过网址链接、扫二维码等方式进入网站"下单"，通过投票选择自己喜欢的社区服务项目。目前，长富社区每个月的服务"菜单"都由两部分组成，一部分是常规服务"餐单"，如亲子工作坊、太极学习班、长者日间照料、开心粤语角等；另一部分是当月主体"餐单"，如2014年第四季度10月份的常规服务有四点半学堂、长者日间照料、周二相聚一时（长者小玩意工作坊）等，主题服务有编"织"梦想手工坊、社区平民拍卖会等，两部分加起来每月服务项目达20多项。

（3）中心分站点投选。除了在网上进行"点餐"外，为了更方便居民享受服务，社区综合服务中心在社区大型楼盘（1000户以上）内建立了服务分站，在社区小型楼盘（1000户以下）建立了联络点，覆盖社区内80%以上的人口。服务分站和联络点也成为联系居民的重要阵地。社区综合服务中心每次将下一个季度的服务进行规划，出具社区服务"点餐卡"，由居民在服务分站和联络点进行填卡、自由选择，也可以提出自己的其他需求和意见。在明上居小区的社区综合服务中心分站点内，"居民事务通"触摸一体机立在中心正门对面非常显眼的地方。在这个"事务通"上，居民可以浏览大朗镇网页、长富社区网、社区微信等，可以在"点餐机"上直接选取7项希望社区提供的服务。

（4）居民聚焦会议投选。社区综合服务中心从曾经参与社区服务项目的居民和社区领袖中随机抽取20～30名群众进行现场集中填卡，并在此过程中讨论如何开展服务，表达自己的观点和意见，以便工作人员更加客观地了解居民的真正需求和爱好。每个季度服务开展前的20个工作日内，即大概在季度服务开展的前一个月中旬，社工会组织20～30名群众在小区公共活动空间召开"居民意见聚焦小组"会议，参会者可以畅所欲言，就如何开展活动、以何种形式开展等问题提出意见和建议。社区工作人员汇总统计后，有针对性地开展下一季度的服务活动。

2. 创设组织:"微自治"主体构建

社区自治,实质是多元主体之间的协商共治。在楼盘小区内部,存在着多个治理主体。必须有效整合各个主体的资源和力量,才能最终促进小区自治。长富社区是外来人口占绝对多数的社区,存在着多种利益主体,如何整合各方利益、引导多元共治,是摆在社区负责人面前的难题。在不断探索的过程中,明上居根据自身发展需要,对小区内的各类主体进行了组织创建,有效地促进了利益的组织化表达,推动了健康的多元主体共治格局的形成。

(1)成立非公党支部。小区通过发布公告、入户调查等方式,在掌握居民及物业服务队伍中的中共党员情况后成立小区党支部。明上居小区共有党员 30 多名,为统筹各方党员的力量,小区鼓励从事居委、物业管理、商业服务的党员和离退休党员将组织关系迁至小区党支部,发挥党支部的统筹协调和党员的先锋模范作用。在成立小区非公党支部的基础上,借助小区的区位优势,小区与大朗阳光雨党员服务中心、长富社区党代表工作室、"两新"组织非公企业党支部等较为成熟的党组织共同开展党建活动。借助非公党支部平台,小区退休党员、流动党员为居民提供邻里帮扶、青年辅导、咨询教育等服务,通过设置党员志愿服务岗,开展党员志愿活动,带动了小区居民公共参与的热情。

(2)建立小区自治组织。首先,为了更好地推进明上居小区自治,小区继续将自治单位下沉,以居民小组为基本自治单位。明上居住户约为 1300 户,常住人口规模大,若直接开展自治,人员和场地均会受到影响。为此,小区以户为单位成立居民小组,缩小自治单元,以更好地进行集体协商和公共参与。其次,将小区内的领袖、骨干、能人等发动起来,成立小区议事室,每月召开议事会,共同协商小区内的热点难点问题。再次,由于明上居小区是长富社区的大型楼盘之一,居民人数多,从某种意义上说,明上居小区的总体情况能部分代表长富社区的总体状况。因此，社区鼓励明上居小区居民参选社区居民代表。目前，长富社区40名居民代表中仅明上居小区就有14名，占比达35%。居民代表较多，为加强小区自治打下了组织基础。最后，为了减少冲突和矛盾，小区成立了业主委员会。业主委员会的成立，一方面有利于居民对物业管理公司的服务质量进行监督，另一方面也便于业主进行自治。

（3）培育社区社会组织。明上居小区自2006年建成以来，基础设施逐步完善，入住率达90%以上。在发展的过程中，小区内部自发形成了一系列草根组织，如乒乓球、唱歌、跳舞等俱乐部。社区居委会顺势将这些草根组织加以发掘和引导，使其成为正式备案的社会组织，将分散的居民组织起来，参与到小区公共事务之中。同时，小区设立"社会组织孵化空间"和"社会组织拓展空间"，用以孵化新的社会组织、整合组织活动资源、提升组织能力、展现组织风采等。目前，明上居小区共有义工服务站、康乐艺术团、夕阳红艺术团、乒乓球协会、象棋协会等多支社区社会组织，他们经常自发组织居民参与各类活动，有效地加强了社区居民互动，提升了社区凝聚力。

（4）发展志愿组织。明上居小区通过整合小区资源，向小区开发商争取了近200平方米的公共空间，作为志愿服务的爱心城堡。针对不同的人群需求，按特长、兴趣等将小区300多名志愿者进行分类，分别组建党员志愿服务队、关爱儿童志愿服务队、心理咨询志愿服务队、巾帼志愿服务队等8支专业志愿服务队伍，利用"社工＋义工"的运行机制，开展"圆梦"计划、希望图书室、"爱·回家"到户探访、爱心交流室等特色志愿服务。党员志愿服务队专门负责党员志愿者招募、人才驿站、图书出借和日常志愿活动等；关爱儿童志愿服务队为儿童提供专业化的服务，如四点半学堂、亲子教育等；心理咨询志愿服务队为青少年提供心理咨询等服务；巾帼志愿服务队主要围绕妇女开展志愿活动。志愿者组织的专业化，进一步提升了志愿服务的质量,营造了小区内部的志愿服务氛围。志愿组织也成为小区治理主体的重要一员。

3. 多重机制:"微自治"运行保障

(1) 多源资金投入机制。

第一,充分利用东莞市社会建设财政奖补机制。东莞市进行样板社区创建,以此调动镇(街道、园区)和社区(村)的积极性和主动性。为此,通过实行以奖代补制度,市财政共投入 400 万元对创建成效明显的前 5 个单位进行奖励。长富社区抓住这一政策机遇,积极进行样板创建,以争取财政支持。根据验收,长富社区明上居小区与凤岗镇三正卧龙山小区、沙田镇虎门港庄士新都小区、东城街道东泰花园小区、长安镇信义怡翠豪园小区最终综合得分获前五名,分别得到 80 万元的资金奖励,用于继续推进社会治理创新。

第二,有效利用社会资源。通过与开发商、物业管理公司等协商合作,争取社会公共服务资金投入。明上居小区的公共活动资源原本十分有限,但社区善于利用小区的楼盘布局向开发商"要场地"。比如,社区综合服务中明上居分站的场地就是由开发商提供。小区还整合利用周围的小商铺、小餐馆、小士多店等社会资源,与此类小型经济组织建立慈善互助网,对小区弱势群体进行慈善帮扶。例如,在明上居志愿服务日,周围的理发店会派出业务员参加小区义剪,修理店会让员工参加义修,等等。对小区来说,志愿服务得到了保证,对小商铺来说,其影响力和知名度也得到了提升,从而实现了双赢。

第三,长富社区开发小区拍卖会、跳蚤市场等项目,培育邻里以物易物市场,倡导邻里间的商业服务。同时,社区有组织地进行义卖活动,义卖所得收入用于小区的居家养老、社区长者服务或儿童照顾等社会服务上。这样,社区服务资金得到了一定补充,小区居民之间也增进了交流,同时培育了社区的志愿精神。

（2）网格化管理机制。2013年，在参考先进地区经验的基础上，大朗镇以长富社区为试点，开始推行网格化管理。明上居是长富社区开展网格化治理的重要试点，小区内设网格员办公室、设立网格化宣传栏，并在每一个楼层设置网格区域责任岗，公布网格员联系信息和职责，以便小区居民随时联系责任网格员。长富社区将辖区划分为5个网格区域，网格员涉及社区干部、工作人员、民警、社工等多重力量，便于向居民提供精细化的服务。网格化管理，一方面，有利于社区工作者及时掌握社区居民信息，提高行政效率；另一方面，居民可以通过网格员将自身需求及时上传给政府部门，享受便捷、高效的服务和帮助。网格化管理基本实现了精细化，主要源于建立了精细化的网格管理团队并完善了运转机制。

第一，建立"六员一体"的网格管理团队。以明上居小区为例，小区以连片或相邻楼宇为单元，将小区划分为4个网格。以专职网格管理员为主，社区工作人员、民警、辅警、社工、物业保安、义工等为成员，组建"六位一体"网格管理团队。其中专职网格管理员起领导作用，其他成员协同管理，共同负责小区信息采集、治安、政策宣传、消防安全、便民服务、人口计生、环境卫生、文明传播等20多项社会服务和50多项公共管理事务。社区工作人员、社工、义工、物业保安、辅警和民警通过网格管理团队整合在一起，有助于节约行政成本，同时提高了管理团队的专业性。网格管理团队的专业化，为快捷、精准地提供公共服务和实现社会管理奠定了基础。

第二，实行"七步运转机制"。明上居网格化运转由两条线组成，一条来源于社区的问题解决路线，另外一条来源于镇委镇政府的问题解决路线。两条线均坚持七步运转机制，即信息采集、问题立案、任务派遣、任务处理、处理反馈、核查结果、综合评价。对于社区运转机制不能及时解决的问题，经向上反映后，镇指挥中心会及时受理；同时，镇政府在对需求进行分类后，对认为社区能够解决的问题，便将之分配给社区指挥中心，待对问题进行综合评价后再次形成新一轮的信息来源。封闭的流程解决了发现问题多少没人管、发现问题快慢没人管、处理问题是否及时没人管、问题处理到什么程度没人管等弊端。

（3）"五位一体"的协商对话机制。首先，党组织是小区各自治组织的统筹和协调组织。非公党支部将从事物业服务、商业服务的党员和离退休党员、流动党员组织起来，使他们在小区治理中发挥统筹和协调作用，并通过党员志愿者在其中起先锋模范作用。其次，居民小组是社区这一级自治单位的二级自治单位，与小区居民有着最直接的关系，是开展小区自治活动的载体。再次，小区业主委员会是小区居民利益的代表者。居民通过业主委员会与开发商以及物业管理公司进行协商、谈判，最终维护小区业主的合法权益。再次，房地产开发商是另外一个参与协商的主体。开发商在小区的公共基础设施建设上拥有很大的自由裁量权，小区居民的公共活动空间能否保证，主要取决于开发商能否提供足够的场地和空间。最后，小区物业公司关系着小区居民的切身利益，管理小区的绿化、公共场地的维护等事务，如何与物业公司合理协商、保证居民的合法权益，是居民自治的重要内容。

明上居小区根据自身实际情况，将小区党组织、居民小组、业主委员会、房地产开发商和物业公司组织起来，实行"五位一体"协商对话机制，以更好地对小区进行服务供给与社会管理。"五位一体"的协商对话机制有助于解决小区内的热点难点问题。例如，为了规范小区各项管理，让业主人人自律，通过协商提议，由小区内的退休教师等骨干和能人制定了《明上居业主文明公约》。再如，小区居民的活动场地有限，居民无法开展集体活动，彼此之间互不往来，不利于社区共同体的形成，也不利于社区社会资本的积累。经过议事协商机制，最后达成了一致：每栋楼的首层为架空层，开发商和业主同意将非临街的架空层出让成为居民活动场所；社区居委会负责架空层的简单装饰与布置；物业公司负责卫生和水电管理，并在小区举办活动时免费提供舞台、音响和桌椅，还安排保安协助维持秩序。

（4）社区综合服务打包机制。社区公共服务涉及各个部门，为了让居民便捷地享受公共服务，长富社区将社区服务综合打包，使居民能够享受"一站式"服务，提高了服务效率。

第一，政府公共服务事项委托办理机制。政府采取"统一打包、整体购买、分期落实"的方式，将97项基本公共服务事项委托给村（社区）综合服务管理中心办理，其中49项可由小区综合服务站直接办理。明上居小区毗邻长富社区居委会，小区内建有社区综合服务分站，居民可在小区内享受"一站式"服务平台。社区将办事窗口下沉到居民家门口，在明上居设立政务工作站，居民甚至可以通过"居民事务通"触摸一体机来咨询政务、享受便捷的服务。

第二，政府公共服务购买机制。近年来，东莞市加大了政府购买服务的力度。2011年以来，社会组织共承接民政部门购买社区服务、居家养老、社会工作三大服务累计约4.97亿元。[①] 长富社区综合服务中心实行"政府购买服务＋业务部门监督管理＋社会组织实施＋义工协助"的"1＋1＋1＋1"运作模式。中心分设3个综合服务站，配备3名社工，社工助理5名，兼职心理咨询师和康复师各1名。3个社工分属于不同的楼盘小区内部的综合服务站，方便各个小区开展社会服务活动。

第三，10分钟社区服务站。针对明上居居民多元化的特点，社区整合了大朗网、大朗社工志愿者网、大朗志愿者协会网、大朗青年网、长富社区网等本土网站群，29项政务事项全部实现线上办

---

① 参见广东省社会工作委员会《东莞积极探索"微治理"模式》（内部资料），2015年10月。

理,志愿服务供需信息线上发布,形成10分钟社区服务圈。此外,社区综合服务站实行24小时值班制,居民可以在任何时段进行政务服务、社会服务咨询和业务办理等。

4. 平台搭建:"微自治"载体落实

小区自治离不开各个平台的搭建。明上居小区根据自身实际,创造了多种支持自治的平台,从平面到立体,从单一到网络,并将多种形式的平台统筹起来,调动了社区居民的积极性和主动性,扩大了居民参与的范围。

(1)构建公共活动空间。为实现利益最大化,房地产开发商往往将楼盘的首层建成商铺等,通过收租来获取更多利润,导致业主与开发商之间激烈的对抗。明上居小区是政府借鉴香港"商业规划预留公共服务空间"的先进模式而建成的,小区内有架空层、广场、走廊、绿地等,社区通过对这些公共空间资源的整合,将其打造成为居民休闲娱乐的场所。

第一,建设社区综合服务站。小区利用架空层建成了明上居综合服务站,并提倡"一室多用",为小区居民提供均等化的公共服务。明上居综合服务站以政府购买社工的形式,主要功能定位在青少年活动、长者照料服务和家庭工作坊,为小区家庭、老人、妇女、青少年、儿童在亲子教育、问题家庭干预、敬老爱幼等方面提供专业服务。居民可以在社区服务站进行查询、政务办理等;老年人可以在此量血压、阅读报纸、便民咨询、与社工谈心等。服务站内还建有"三味书屋",是具有公益性、教育性、休闲性等特征的场所。由于场地有限,社区综合服务站也是明上居业主委员会办公室、网格化管理办公室、普法办公室、人民调解办公室所在地,提高空间利用的综合效益。

第二,建设社会组织孵化空间。该空间位于明上居小区10栋首层,共160平方米,主要用来对社会组织进行孵化培育、资源整合、能力提升、合作交流和风采展示等。孵化空间承载普及公益性思想、孵化培育公益性社会组织、社会组织能力建设、评估、信息交流平台等五大功能。小区内的各社会组织可以在孵化空间享受租用场地、办公设备、申请注册协助、进行组织拓展、团队建设、合作交流、宣传展示等服务。目前，明上居乒乓球协会、夕阳红舞蹈队、象棋协会、康乐艺术团、书法协会等多家社会草根组织均在此空间举办过活动或享受过服务。

第三，社会组织拓展空间。明上居小区20栋首层是由大朗镇社工委联合长富社区、社工中心、小区物业整合而成的功能性公共服务空间，亦是社会组织拓展空间所在地以及政府、社区宣传党务、政务和居务的窗口。社会组织拓展空间解决了联系群众的"最后一公里"问题，为社区内各类社会组织申请入驻提供了便利，对社区内居民需求较多、发展前景好的公益、慈善类社会组织提供申请、配套服务、办公场所、设备等基本服务。同时，社会组织拓展空间能提供一定的资源、成长评估等拓展性服务。目前，拓展空间入驻的小区社会组织有党员活动室、乒乓球协会、象棋协会、康乐艺术团、志愿者服务分站和烹饪协会等。

第四，创建小区文化阵地。明上居小区将居民活动地带和文化宣传结合起来。居民活动地带面积500平方米，是开放性的社区居民活动场所，主要为社区提供青少年活动（如四点半学堂）、长者日间照料服务（如量血压、健康操）和家庭工作坊（如亲子互动游戏），以及家庭、老人、妇女、青少年、儿童在亲子教育、问题家庭干预、敬老爱幼、助残帮困、文化体育、心理咨询与辅导等方面的专业服务。此外，小区将原有的走廊建成文化长廊，共设有10个展板区，结合小区自然和人文环境特征，采用现代生态元素，用绿色为主色，诠释人与自然的和谐。文化阵地还包括小区文化空间，将架空层改造为书法、摄影和国画等的展览区，由社区出资进行装裱，小区居民摄影爱好者贡献作品，既调动了社区居民积极性，也增加了小区整体文化氛围。"鸟巢图书馆"是弘扬小区文化的又一方式。明上居小区共有2个"鸟巢图书馆"，居民自觉遵守"取走一本书，放下一本书"的原则，使之真正成为"诚信图书馆"。

（2）开发信息化平台。大朗镇统一开发"平安管家"平台，是小区实施公共服务、进行综合管理的信息技术基础。其主要做法体现在四个方面。

第一，建立基础信息数据库。"平安管家"平台将网格内的人、地、物、事、组织等信息录入基础信息数据库，结合网格化电子地图，建立具有综合治理和服务职能的信息系统。平台将信息录入、分流交办、通报反馈、督查督办和考核评价等工作机制全部纳入信息系统，节约了因分类办理产生的行政成本。目前，长富社区已经采集了10个小区的房屋及业主信息。网格管理员只需要点击相应的网格区域，便可查看该区域的人、地、物、组织、事件等关联信息。

第二，实现多种方式的信息采集。建立以网格管理员日常搜集更新、各职能部门多口录入的基础信息采集机制，实现信息"一次采集、多次使用、一家采集、多家使用"，实现"大综管"及部门间的联动。配备掌上数据采集终端，网格管理员配备可GPS定位的平板电脑，安装网格化地图，通过接打电话、短信群发、信息提示、录音上报、图片采集、表单填写、地图浏览和数据同步等方式及时掌握居民的需求信息。此外，明上居共装有视频监控探头148个，对几个重要位置实行监控，并在平台的电子地图上标示出来，探索加载视频监控功能，轻点鼠标即可实时监控、智能调度，以此对掌上数据的采集提供补充。

第三，依托平台的政务服务。"平安管家"提供资料采集、政务服务管理、审批管理和监察统计等，实现了网上办事大厅向市、镇、村（社区）三级的联通延伸，居民可以享受方便、快捷、高效和优质的政务服务。此外，平台开发出高效的手机 APP，对应于网格化管理的手机 APP，能够实现网格化移动信息采集、移动巡查登记、市场监管协管、身份证读取识别、二维码扫描识别、电子地图定位、考核登记等功能，实现移动办公和无纸化办公，极大地提高了网格员的工作效能。

第四，完善政务服务平台。随着信息化、网络化越来越深入到居民的日常生活中，政务服务也必须与时俱进。明上居小区原有的信息化基础较好，为此，小区依托镇网上办事大厅、长富社区官网和微信等公众平台，将户籍、计生和社保等 29 项政务服务事项"上线"，推动政务网上流转和网上办结，实现政务服务全覆盖。2015 年 12 月，长富社区微信公众平台共获得了 1201 名社区居民的关注。① 通过微信公众平台，居民可以办理户籍、计生和社保等业务，实现了"一站式"的服务。

（3）创建志愿服务平台。政府购买社会服务离不开志愿者的积极响应，充分发掘小区志愿者是推进社区公共服务更好供给、营造社区志愿服务氛围的关键。明上居对小区内志愿者资源进行了发掘，并创建了志愿服务平台，借以保证志愿服务的持久运行。长富社区志愿者服务分站建在明上居小区，方便了小区开展志愿活动。

第一，建立志愿者信息活动库。社区针对不同的人群需求，按特长和兴趣等将 300 多名志愿者分类，分别组建了 8 支专业志愿服务队伍。同时，开发"志愿大朗"志愿者手机微信公众号。通过该公众号，可以进行志愿者数据整合、志愿需求发布、活动招募、活动风采展示、志愿者历程档案记录、志愿服务组织简介和公益宣传等。志愿者通过手机平台报名参加志愿服务活动，可实时统计和显示报名情况，报满名额后系统会自动关闭报名程序，只显示活动详情。若志愿者临时退出报名，系统将自动重启报名程序，直至报名

---

① 数据来源于东莞市大朗镇长富社区微信公众号"大朗镇长富社区"。

满额。"志愿大朗"线上报名程序,让志愿者报名更加便捷。

第二,设置志愿服务"私人定制"平台。微信的普及已经改变着人们的生活方式,社区对这一移动互联网平台进行了整合,将原有的"志愿大朗"微信公众号重新调整,设置数据库建立、供需信息发布、后台匹配筛选、实时交流、痕迹记录、积分管理和兑换、故事分享等功能,并与大朗志愿者协会网及时互动,数据互联,更好地整合供需志愿服务双方信息。求助者通过微信公众号可以享受"私人定制式"志愿服务。社区居民只需将服务上网,待网上有同等志愿服务提供时,即可直接享受对接志愿者的服务。2015年7月以来,"志愿大朗"移动平台共收到求助信息35条,成功对接志愿者32人,其中31个志愿服务实现了"私人定制"。

第三,开发志愿者服务阵地。通过与开发商协商,将小区内部一块近200平方米的公共空间建成志愿服务的爱心城堡。爱心城堡专门设置在小区较为隐蔽的地方,旨在为居民提供心理咨询、特殊疾病服务时加强保密性。爱心城堡为开展服务项目提供了固定空间,使服务更加常态化,成为培育社区志愿服务骨干的专属领地。此外,爱心城堡实行社工委指导、社区实施、社工协助和志愿者运作的模式,还在小区较为开阔的广场地带设置志愿服务点,用于开展义剪、义修、义询和义卖等日常生活需求类志愿服务。利用社会组织拓展空间,对小区志愿者进行培训、开展拓展活动、从事志愿者活动宣传等。同时,根据线上需求信息,利用社区综合服务站、架空层、小广场设立志愿服务便民室,组织志愿服务小分队在以上地点开展志愿活动和志愿者招募。

第四,建立志愿者精神宣传平台。社区将小区内部的一处公共空间开发为文化长廊,借助长廊宣传各项特色志愿服务活动,让小区居民时刻感受到志愿服务就在身边;聘任CBA东莞新世纪马可波罗球员张凯和赵捷,担任大朗镇志愿服务形象大使,拍摄志愿服务公益视频,在小区举行大型晚会、文体活动时进行宣传和播放,增加志愿服务的宣传影响力，吸引更多居民加入志愿服务大家庭；以《大朗镇志愿者服务管理办法》实施志愿者供需对接、星级认定和荣誉嘉许等制度。社区通过大朗镇志愿服务网站群，创立虚拟的志愿者学院，对志愿者进行知识和技能培训；社区制定循环激励的积分回馈制度，志愿者在参与活动后可以得到"爱心积分"，并将其存入"幸福储蓄站"。志愿者日后若需要他人提供帮助，可用"爱心积分"换取一定的社区服务。比如，社区联系 20 多家单位和商家给予志愿者免票、优惠等待遇。这种激励制度将更多居民吸引进"幸福储蓄"队伍，成为"道德富翁"。

三、需求导向、多元参与和信息技术：楼盘小区治理模式要义

大朗镇长富社区在样板创建过程中，注重以居民需求为导向、在培育社区自治主体的过程中加大公民参与力度，形成多元共治的治理格局。信息化技术为社区治理提供了有效手段，改变了传统的治理模式。在开展"微自治"活动中，社区治理的理念、方式、治理主体、治理技术和公共服务供给方式均发生了改变，以"微自治"为核心的城市楼盘小区治理模式逐渐成形。

（一）治理理念的转变：社会管理到社会治理

社区治理从本质上来说，是一种对社会秩序的维护，是政府对公民社会领域的社会组织、社会事务和社会活动进行规范与协调等

的管理过程，是对政府领域的行政管理和市场领域的工商管理所"不管"和"管不到"的公民社会领域的管理。[①] 从社会管理到社会治理的转变，标志着治理主体的合作化、平等化。政府与社会之间不再是以政府为主，而是以社会为本位。政府的职能转向提供公共服务，而不是直接包办社会事务。

1. 由管控到合作

社会治理不再是政府对社会的管理和控制，而是政府与社会主体之间平等的对话、协商和合作。社会治理过程中，政府引导其他社会治理主体参与自治，同时各个主体之间彼此是平等合作的关系。大朗镇长富社区在社会治理创新过程中注重发挥政府的引导作用，同时大力发掘自治主体，先后成立了明上居居民小组、业主委员会、居民议事会等自治力量。政府不直接参与各个主体之间的协商对话，而以"秩序维持者"的身份参加小区建设；政府不再以管理者的身份进行控制，而是与社区自治力量一起对社区的公共事务进行共同管理。

2. 由"政府本位"到"社会本位"

西方经济学理论证明市场这只"看不见的手"会失灵，因此需要政府力量的介入。然而，政府干预并不能总是有效，政府也会失灵。政府与市场的双重失灵，说明应在政府做不好与做不成的事情上，适当让渡给社区进行自治。2011年以来，东莞市政府投入大量资金用于购买社会服务，仅2013年，市财政拨款1.12亿元，用于向社会组织购买社区服务、居家养老、社会工作等266项服务。[②] 大朗镇长富社区专门设立了"一站式"服务平台，并设立3个综合

[①] 参见周红云《从社会管理走向社会治理：概念、逻辑、原则与路径》，《团结》2014年第1期。

[②] 资料来源于东莞市政府门户网站（http://www.dg.gov.cn/business/htmlfiles/cndg/s43106/list.htm）。

服务站，配备3名社工，7名助理。明上居小区作为二级治理单元，成立了明上居综合服务中心和小区政务工作站，为居民提供政务服务与社会服务。政府对社会的管控转变为政府进行调控、引导、服务和整合，基本实现了政社分离。

3. 由"政经不分"到"政经分离"

社会管理到社会治理的转变还标志着政府职能发生了变化。一般来说，政府的职能包括经济调节、市场监管、社会管理、公共服务，其中的经济职能只限于宏观调控和对市场秩序的监管，而非直接从事市场经营活动。社区自治组织是居民自治的载体，更不应该参与经济活动。东莞市长富社区作为新型社区，剥离了经济职能，经费运转完全靠财政拨款，凸显了社区的服务功能。由于经济职能被剥离，长富社区在公共服务供给的过程中，注重整合各方资源，加大了居民参与力度。自社区成立至2015年年底，共开展社区活动400多场，参与人数7万多人次。[①] 社区除了积极向镇、市级政府争取专项资金外，还积极吸纳社会资源，如摄影展的展架、相框由附近的商铺赞助，居民自己筹集的乒乓球台，等等。

（二）治理方式的转变：从"政府配餐"到"百姓点餐"

1. 从"政府配餐"到"百姓点餐"体现了政府治理从管理向服务的转变

传统的社会管理体制下，由于政府将社会当作管控对象，因此，政府不会以提供社会服务为价值追求，而是以实现社会稳定为

[①] 参见大朗镇社会工作委员会《大朗镇社会治理创新经验参阅材料》（内部资料），2015年11月。

终极目标。再加上自上而下行政化供给公共服务的模式,使政府提供的公共服务没有针对性,难以回应社会需要,导致公共服务供给的"错位"。从本质上来讲,这种"错位"是忽视公民参与的结果。随着服务型政府理念的深入,各级政府越来越重视社会服务,促使政府治理方式发生了变化。长富社区在公共服务供给中提出"百姓点餐"的思路,其实质就是将社区居民的需求摆在首位,在注重需求的过程中激发了公民的参与热情,从而增强了公共服务的回应性,政府治理实现了从管理到服务的转变。

2. 从"政府配餐"到"百姓点餐"是公共资源合理配置的有效途径

政府公共服务的供给以服务居民为最终目的,但若居民对政府的服务无需求,那么政府就等于"费力不讨好"。不少新型社区可资利用的公共资源有限,如果政府不能将有限的资源用于公民最迫切需要的社会服务上,将造成公共资源的极大浪费。通过"百姓点餐"的方式,政府以较为经济的方式将社区居民最希望享受的公共服务项目加以识别,然后有针对性地提供,既节约了行政资源,也提高了居民对服务的满意度。"'点餐'服务制度创立首季度,综合服务中心及各个服务分站和联络点日常访问量当月上升22%,参与活动的居民积极性明显提升。"①

3. 从"政府配餐"到"百姓点餐"有助于公民意识的觉醒

托克维尔在对观察美国的民主时发现,民情对于维护美国民主共和制度的影响非常之大,以至于他提出"就美国对民主共和制度

---

① 大朗镇社会工作委员会:《大朗镇社会治理创新经验参阅材料》(内部资料),2015年11月。

的维护而言,法制比自然环境更好,而民情比法制的贡献更大"①。这说明自治和民主需要有"民情"这类现代公民意识的觉醒和维护。社区建设的过程,也是公民意识培育的过程。社区自治应该是自我主体意识和参与意识的体现,这种意识能够使公民参与公共事务和监督公共权力。"百姓点餐"体现了公民的主体地位,它标志着公民才是社会自治的主体,而政府应该为公民提供社会服务。同时,"百姓点餐"为公民提供了一种参与公共事务的方式和渠道,激发了公民参与意识。此外,"百姓点餐"的过程使居民知晓政府公共服务供给的方式和途径,有利于加强公民对社区事务的关注,并在服务提供的过程中产生互助与合作,从而有助于社区共同体的形成。

(三)治理主体的转变:从单一主体到多元主体

社会治理涉及主体的多元化,强调治理不再是政府一家独大。以往的城市社区治理中,居民委员会是唯一的治理主体,但往往由于承担了过多的行政事务,导致居委会行政色彩浓重,自治不力。城镇化过程中,随着新型社区尤其是商品房住宅小区的出现,治理主体逐渐趋于多元。长富社区是以解决商品房小区户口挂靠问题而成立的新型社区,下辖18个楼盘小区。在社区治理的过程中,居委会不再是单一的治理主体,业主委员会、居民小组、物业公司、党支部等治理主体相互协商与合作,改变了以往社区居委会垄断社区治理的局面。在多元主体形成的过程中,长富社区在引导居民参与社区治理方面做出了努力。

---

① [法]托克维尔著:《论美国的民主》,张杨译,湖南文艺出版社2011年版,第214页。

1. 治理单元的下沉

社区自治实质是一个公共事务的治理问题，存在集体行动的困境。解决集体行动困境离不开社会资本的润滑，在一个继承了大量社会资本的共同体内，自愿的合作更容易出现。[①] 社会资本存在于日常的人际交往中，在信任与交往较多的地方，往往更容易生长出互助合作的网络，这样的社区社会资本存量较大，有利于开展自治。但在陌生人社区，由于信任缺乏，互惠网络难以生长出来，作为社区治理润滑剂的社会资本也不会形成，居民之间的自治也就难以达成。长富社区没有将自己的职能仅定位于解决户口挂靠问题上，而是延伸到社区治理和公共服务的供给上。社区下辖18个楼盘小区，各个小区都有各自的门禁系统和治安系统，小区人员构成较为复杂，小区内部已然是"陌生人社会"，楼盘与楼盘之间更是彻底的"陌生人社会"。因此，以社区居委会为单位的自治几乎不可能达成。长富社区顺应这一现实情况，将自治单元下沉到楼盘小区这一较小规模的场域中，培育自治主体——居民小组和居民议事会，并协助小区成立业主委员会、非公党支部，实现小区自治主体多元化。

2. 一核多元、协商共治治理模式的形成

盖伊·彼得斯提出未来政府的治理模式有市场化政府、参与式政府、弹性化政府和解制型政府四种模式。其中，参与模式认为，公共利益可以通过鼓励员工、顾客和公民对政策和管理决策进行最大限度的参与来实现，"一个真正具有效率、效能的服务计划需要

---

① 参见［美］罗伯特·帕特南《使民主运转起来：现代意大利的公民传统》，王列、赖海榕译，中国人民大学出版社2014年版。

服务对象的主动参与，而不是服务对象的被动接受"①。在长富社区明上居创建样板社区的过程中，虽然政府依然起主导作用，但整体而言，已经初步形成了"党委领导、政府负责、社会协同、公众参与、法治保障"的模式，党支部、居民小组、业主委员会、物业公司和房地产开发商共同参与到小区建设之中。公共服务空间的建设过程，始终离不开各主体的协商与合作。小区架空层是业主的公共资产，将其改造成为公共活动空间，需要业主的同意，这就离不开业主委员会与居民小组之间的协商；开展公共活动需要有场地和设备，物业公司能够在整个过程中出力出资；各种志愿活动的开展和志愿氛围的形成，需要有党员志愿者发挥模范带头作用；等等。明上居小区由此建立党组织、居民小组、业委会、房地产开发商和物业公司"五位一体"协商对话机制，保障了社区的服务和管理的有效运行。在协商机制的运作下，解决了小区文明规范问题、社区养犬问题、社会组织拓展空间场地维护等问题。

（四）治理技术的提升：从平面管理到立体多维管理

社会治理创新不仅包括政府职能的转变、加大公民参与等理念的转变，也包括治理技术的创新。互联网技术的不断发展，使得政府治理越来越趋向于电子化。同时，网络政治的参与冲击和改变着传统的政治参与方式和行为。对政府来说，这既是机遇也是挑战。政府以往的管理是平面化的，由点到面的，在"互联网+"时代下，社会治理是线上、线下的配合，是立体化的。大数据背景下的社会治理既能节约行政成本，也能提高行政效率，更有利于实现部门之间的联动。

---

① ［美］盖伊·彼得斯著：《政府未来的治理模式》，吴爱明、夏宏图译，中国人民大学出版社2012年版，第45页。

大朗镇创新社会管理平台,首创大综管"平安管家"平台,助力网格化管理。社区专职网格员实现了掌上办公,结合网格化电子地图,网格员能快速地掌握和了解网格内的人、地、物、事、组织等信息。"平安管家"的信息收集系统可以快速地录入基本信息,实现"一次采集、多次使用、一家采集、多家使用"。利用线上的信息技术形成大数据,并形成与各个部门之间的联动和合作。平台对应开发了网格化管理的手机 APP,实现网格化移动信息采集、移动巡查登记、市场监管协管、身份证读取识别、二维码扫描识别和电子地图定位等,实现了移动办公、现场办公和无纸化办公,提高了网格员的工作效能。依托"平安管家"平台的网格化治理取得了明显的成效,信息采集渠道明显拓宽,经反馈核查,近 8000 条登记信息真实度达到 99%。[①]

长富社区依托大朗镇的信息技术,对其进行二次开发,依托镇网上办事大厅、长富社区官网和微信等公众平台,将户籍、计生和社保等 29 项政务服务事项"上线",推动政务网上流转和网上办结,实现政务服务全覆盖。小区居民仅通过手机微信号就可以享受户籍、计生、社保、身份证明等多项政务服务。通过网格管理员上门服务或服务预约等方式,实现"小事不出网格、大事方便办理"。同时,在需求导向的社会治理创新中,将公民网络投选当成重要的渠道,这标志着政府已经开始注重网络政治参与。居民网络参与的另一重要表现是志愿者服务线上对接平台。居民可以通过注册,成为小区志愿者,来参与到公共服务的供给过程中,也可以在志愿服务平台上发布服务需求信息,志愿服务已经实现触手可及、随时参与。不论是"平安管家平台""网上办事平台",还是网络参与,均表明政府治理已经实现从平面的管理到线上线下立体多维管理的

---

① 参见大朗镇社会工作委员会《大朗镇社会治理创新经验参阅材料》(内部资料),2015 年 11 月。

改变。

（五）公共服务供给方式的转变：从单一化到多样化

社会治理创新的另一个重要内涵就是公共服务供给的多样化。传统的社区公共服务由居委会提供，社会服务主要包括政策宣传、政策咨询以及行政事务的办理、社会秩序的维护、民事纠纷的调解等行政色彩较重的服务。而长富社区的社会治理创新在于公共服务领域的扩展，即从政务服务到社会服务；公共服务供给主体由单一化转向多样化，社区居委会不再是单一的服务供给主体，社会组织等新的力量也加入进来；公共服务供给的方式从线下转向"线下线上"相结合。政府在公共服务的供给过程中越来越起到统筹、协调的作用。

1. 公共服务领域的多样化

原有的公共服务仅停留在政务服务上，而长富社区拓宽了公共服务领域。公共服务既包括"一站式"服务平台，通过明上居政府工作站，借助"居民事务通"触摸一体机享受便捷的政务服务，也包括政府以购买社工的综合服务站的服务。社区综合服务站功能定位在青少年活动、长者照料服务和家庭工作坊，主要为小区家庭、老人、妇女、青少年、儿童在亲子教育、问题家庭干预和敬老爱幼等方面提供专业服务。此外，明上居小区通过"居民事务居民定"原则，由社工调研后列出服务清单，居民通过网站、微信等进行点餐，以居民投票结果作为下季度开展服务的依据。社工也组织热心居民举办邻里互助、志愿服务和公益参与等活动。

2. 公共服务供给主体的多样化

以往的公共服务供给主体一般都为社区居委会，目前，越来越多的地方政府开始在公共服务供给中采用政府购买公共服务，形成了"社工+义工（志愿者）"的供给模式。长富社区的社会服务也由政府统一购买，形成了"政府购买服务+业务部门监督管理+社会组织实施+义工协助"的"1+1+1+1"运作模式。在实际运行过程中，社区还将社会资源进行整合，促进服务主体联动。通过招募大学生实习生作为服务的新生力量，组成"社工+社工助理+实习生+志愿者"的实施组，尤其在寒暑假活动中，实施效果明显。如明上居2014年暑期系列活动中，在社工的指导下，由实习生和志愿者策划实施的项目达85%以上，其中志愿者参与的服务达100%。此外，长富社区还将周边的商业主体纳入到社区公共服务供给中。2014年，社区先后与维米尔创意美术中心、大朗友谊医院、康师傅、菲菲美容发型培训学校、汇尚美容美发和各楼盘物业公司等40多家企业商家合作。①

3. 公共服务供给方式的多样化

公共服务供给方式的多样化，主要体现在政府公共服务的供给不仅仅由线下提供，而是线上线下的相互配合。长富社区首创志愿服务"私人定制"，社区将大朗镇的志愿者网站等进行二次开发，推出"志愿大朗"志愿者专属手机微信公众号平台，实现志愿者数据库建立、后台志愿者匹配筛选、志愿者供需发布、志愿者实时交流、志愿者服务痕迹记录、志愿者后台积分管理和兑换、志愿服务故事分享等功能。依托这一平台，居民的个性化服务需求通过微信公众号上传到网络空间；同时，志愿服务供给信息也同步到网络，由政府将供需对接。居民只要用手机就可以查看自己的需求是否有志愿者"接单"。而帮助他人的志愿者可以累积积分并享受"服务

---

① 参见大朗镇社会工作委员会《大朗镇社会治理创新经验参阅材料》（内部资料），2015年11月。

兑换"等。这种依托网络平台为主的公共服务供给中,政府不再是供给方,而是保证服务得以顺利进行的监管者;居民不必通过政府来享受公共服务,而是直接同服务提供者取得对接。当然,这个平台目前只局限在志愿服务的供给上,今后有望扩展到公共服务供给的其他领域。

第四章

集众成墙，以爱筑城：
"关爱桂城"社会治理创新模式

2007年党的"十七大"报告提出，要形成"党委领导、政府负责、社会协同、公众参与"的社会管理格局，积极利用各种社会力量，形成多元共治的社会治理格局。但社会建设的众多领域均具有"公共性"的特点，与政府履行职能密切相关。因此，社会治理创新的突破点在于实现政府与社会力量之间的协调配合，加快政府职能的转变，从"政府本位"走上"社会本位"。其中，如何找到社会治理的抓手和突破口，引领社会治理的全局性变革，就显得尤其重要。本章主要介绍广东省佛山市南海区桂城街道通过"关爱桂城"这一社会建设项目，推进社会治理的做法和经验。

一、"关爱桂城"社会治理创新模式产生的背景

（一）地理位置：桂城发展的区位条件

广东省佛山市南海区桂城街道（以下简称"桂城"或"桂城街道"）地处南海区东部版块，毗邻广州，是南海区的政治、经济和文化中心。2010年，国内首条城际地铁——广佛地铁正式通车，共设有5个站，横跨桂城，密切了桂城与珠三角主要城市、港澳之间的联系，也突出了桂城在"广佛同城"中的前哨地位。2005年，为契合珠三角一体化发展规划，桂城开始实施"广佛休闲商务区（RBD）"的城市发展战略，即通过都市型产业的发展模式，带动第二、第三产业的协调发展，并形成商务、人居、教育、购物、物流、美食、科创、翡翠、金融等融合发展的桂城城市特色。

（二）经济基础：桂城发展的物质条件

第一，桂城的经济发展程度高。改革开放以来，桂城经济实现了跨越式发展，2011年人均GDP（国内生产总值）已超过1万美元（中等发达国家水平），进入以实现人的全面发展为主要目标的发展型社会阶段。[①] 2014年实现地区生产总值381亿元，增长

[①] 参见桂城街道办《桂城街道社会服务发展规划》（内部资料），2011年3月。

8.6%；税收总额117亿元，同比增长16.8%；街道可支配财政收入38.28亿元，同比增长45.44%，① 重要经济指标位列佛山市各镇街前列，南海区称其为"全区税收的领头羊"②。

第二，从行政权能来看，桂城的财政具有较大的灵活性。一方面，基层政府具有较稳健的财政资源保障；另一方面，在实际工作中较市、区有较多的空间和灵活性。

第三，桂城街道城镇化程度高，是南海区城市建设的关键性区域。2009年起，桂城通过实施"大市政"模式，基本完成了城乡市政的一体化管理，在硬件配套上实现了投入均衡，已基本没有农业生产。

（三）公民素质：桂城发展的人文条件

第一，外来人口多。桂城街道辖区面积84.16平方公里，31个社区，1个行政村，常住人口60多万，其中户籍人口约24.8万。③ 作为一座拥有60万人口的中型城市，流动人口比例将近59%，城内新旧矛盾交织，急需加强前置应对手段，唤醒城市公民意识，培育与之相适的人文社会。

第二，公民素质高，志愿服务意识较强，经验丰富。1995年，桂城便出现了志愿服务队，并于2005年12月正式成立桂城义工联。截至2015年7月，登记在册志愿者人数58131人，志愿服务分队180支，还有数十个专业社会工作机构和经验丰富的公益社

---

① 参见《桂城概况》，南海桂城政务信息网（http://www.guicheng.gov.cn/cms/html/2110/column_2110_1.html）。
② 《创新招商思维，培养发展后劲》，《珠江时报》2015年5月18日。
③ 参见《桂城概况》，南海桂城政务信息网（http://www.guicheng.gov.cn/cms/html/2110/column_2110_1.html）。

团①，以及规模不一的行业协会、企业公益团队等。良好的公民素质和人文条件，有利于促进社会力量与政府之间的良好互动，共同推进社会治理。

（四）治理难题：社会治理创新模式的萌发

因为改革开放的影响和珠三角经济发展的辐射，桂城较早感知到创新社会管理和发展社会服务的迫切性。然而，桂城的社会服务发展初期同样面临着矛盾触点多、燃点低，发展任务重、压力大的残酷现实。首先，物质生活水平的提高使公民对优质公共服务产生了需求，并渴求有效的社会参与途径。其次，自发形成的社会组织需要适当的引导和支持，才能变成促进社会发展的健康力量。最后，城镇化的进程以及外来人口的大量涌入，传统的熟人社会秩序被打乱，原有的公共空间急需重组。为实现"广佛休闲商务区（RBD）"的战略规划，桂城需要一种健康、积极并能够得到市民广泛认同的城市文化，维系市民的精神世界，成为团结全体市民共同建设美好家园的精神核心与理想信念，以促进桂城的可持续发展。

为此，桂城街道办于2009年6月启动并实施"关爱桂城"建设，力争将其打造为构建和谐社会、提升民生和社会事业的工作体系，成为标识桂城软实力的城市名片。

---

① 数据由"关爱桂城"建设督导委员会提供，2015年9月。

二、"关爱桂城"社会治理创新模式的主要内容

"关爱桂城"是桂城街道在 2009 年推出的探索社会管理创新的持续性系统工程,几乎涵盖政府所有职能部门和社区,历经几任领导班子,坚持至今。经过 6 年多的实践探索和发展,"关爱桂城"统筹提升了综治维稳、社会治理和公共服务三大工作,培育出与之适应的人文关怀,形成社会和谐的工作体系,在众多"运动式治理"的氛围中独树一帜,为我国社会治理创新提供了富有价值的经验。

(一)理顺要素关系,完善治理过程

社会治理是一项复杂的系统工程,各地存在的问题和各类力量的强弱情况不尽相同,需要理清现阶段存在的具体问题,分析其成因,才能找到有效的治理药方。2004 年,党的十六届四中全会首次提出建立"党委领导、政府负责、社会协同、公众参与"的社会管理格局。2007 年,中共十七大报告正式强调该社会格局的适用性和科学性,并将其作为党和政府进一步开展社会建设工作的蓝图。2009 年,桂城利用《珠江三角洲地区改革发展规划纲要(2008—2020 年)》颁布的契机,发布了《"关爱桂城"建设方案》(桂工委〔2009〕44 号),对社会治理各要素关系进行梳理,形成了桂城特色的社会治理新格局。谭建光教授等认为,在社会治理的实际操

作中，理顺各要素关系的关键在于三点，一是如何协调政府机构内部之间的关系，二是如何最大限度调动社会资源，三是如何使政府决策与社会需求一致。① 马凯指出："加强和创新社会管理，要充分发挥政府在社会管理中的主导作用，同时要充分发挥多元主体在社会管理中的协同、自治、自律、互律作用，使各种社会力量形成推动社会和谐发展、保障社会安定有序的合力。"② 而"关爱桂城"案例在这方面为我们提供了有价值的参考。

1. 党委牵头，创新思路，探索社会治理新途径

桂城街道党工委的重视和支持是"关爱桂城"项目取得成功的根本保障。桂城在经济快速发展的同时，各类矛盾不断凸显，社会关系日益复杂，迫切需要一种能传递关爱和维系和谐的公共文化。桂城街道党工委创新思路，决定用"关爱"来打造城市文化，将"关爱"融入市民的精神信仰。因此，2009年桂城街道推出"关爱桂城"项目，专门成立"关爱桂城"建设督导委员会，由党工委书记挂帅，党政领导班子参与，民间力量构成顾问和监督团，组成多方参与决策的机构，为"关爱桂城"出谋划策，决定重大事宜，指导和监督关爱行动的开展情况。

2. 政府破题，创新政策，推行社会治理新措施

政府作为社会创新的重要力量，在"关爱桂城"中承担着重大责任。在我国传统的政府运行实践中，各级政府之间的责、权、利是不对等的，同一级政府部门间也会存在相互推诿、"踢皮球"的现象，在一定程度上制约着政策的落实和基层治理的创新。社会治

---

① 参见谭建光、罗坚华《中国关爱——当代中国的社会建设与志愿服务》，中国社会出版社2012年版。

② 马凯：《努力加强和创新社会管理》，见魏礼群主编《社会管理创新案例选编》，人民出版社2011年版，第11页。

理创新尤其需要政府积极作为，整合力量和协调关系。桂城街道办主动破题，较好地克服了政策执行过程中的困境。

第一，由街道主要领导出面，协调上下级部门和同级部门之间的关系。为引起各方的重视，桂城将"关爱桂城"作为书记亲自抓的"一把手工程"，并由街道主要领导出面与市、区相关部门沟通和协调，争取更多的政策和资源支持。据了解，在"关爱桂城"建设之初，为了关爱基地建设的需要，街道党工委书记、办事处主任多次到市、区相关部门争取政策支持。此外，桂城还特别将"关爱桂城"督导委员会的办公室设在党政办，便于党工委、办事处直接监督各部门落实"关爱桂城"建设的措施。街道领导的重视和亲自挂帅，赢得了社会各界的积极响应，如"关爱桂城"的首个战略合作伙伴是南海移动，桂城政府与其合作开展了针对社区普通居民、高级白领和青少年群体的关爱活动。

第二，设立"关爱基金"。2009年，桂城街道办事处出资100万元建立"关爱基金"，作为"关爱桂城"建设的专项资金，由"关爱桂城"建设督导委员会对基金的使用负责审批，并只限用于桂城的关爱行动。同时，将"关爱基金"纳入街道的年度预算，以保证基金持续运作。通过"关爱基金"，"关爱桂城"建设可以更大程度地调动政府各职能部门、居（村）和事业单位进行项目合作，统一以"出资方（关爱基金）＋服务使用方（职能部门）＋服务方（专业机构）"的形式，在更大范围内形成关爱氛围。例如，司法所开展桂城风信子社区矫正服务，是佛山市首个社区矫正服务项目，受到广东省司法厅的高度肯定和社会的广泛褒奖；2014年，三山新城社会管理处、教育局、经济促进局、城乡统筹局、团委、妇联等10个单位依托"关爱基金"开展了常态化服务项目。此外，"关爱桂城"督导委员多次邀请省、市、区驻桂城的单位共同参与社会建设，均得到积极响应。

第三，借"创文"之风，将"关爱桂城"建设融入日常业务之中。社会建设要避免出现"运动式""一阵风"现象，则须将其纳入各职能部门的日常工作中，形成常态化的活动。为使"关爱桂城"变成持续性的工作，2009年，桂城在创建"全国和谐社会示范街道"工作之初，便引入众多关爱元素，将"关爱桂城"项目建设与日常工作紧密结合。例如，在各区成立居民义务工作站和社区关爱服务活动中心，一方面向基层工会和市民传递关爱文化，另一方面将关爱活动逐步纳入总工会的日常活动之中。

第四，理顺"关爱桂城"建设督导委员会与桂城街道办各部门的关系。"关爱桂城"建设督导委员会设置了相应机构，如秘书处、街道社会工作委员会、社工工作中心、创益中心等，并对各机构的职责进行了明确的规定，确保各司其职（如图4-1所示）。然而，"关爱桂城"建设督导委员会部分机构的职责可能会与街道相应部门重叠，如由秘书处进行协调的关爱行动推广部和街道宣传文体办，关爱法制推广部与街道司法所，等等。为防止职责重叠和资源浪费，桂城将两者进行了合并，既可以将"关爱桂城"建设工作融入街道部门，又可以明确责任主体，避免相互推诿的现象。此外，桂城积极解决七大关爱主题基地可能产生双重领导的问题。关爱桂城创益中心及由其协调的6个中心合称为关爱主题基地，分别是关爱桂城创益中心、桂城社区服务中心、企业创享家、桂城长者颐乐中心、青苹果之家、党员志愿服务中心和雷岗社区服务中心。七大关爱主题活动中心工作内容各异，隶属于不同部门管理，但同时接受"关爱桂城"建设督导委员会的领导。为便于管理，自2015年起，桂城街道统一了七大主题中心的领导归属，均由街道社工工作中心直接领导，"关爱桂城"创益中心进行具体的指导和协调，解决了原来七大主题的尴尬处境。通过上述种种努力，"关爱桂城"建设以来，工作内容几乎涵盖政府所有职能部门，且较少出现部门间的推诿和拖延的情况。

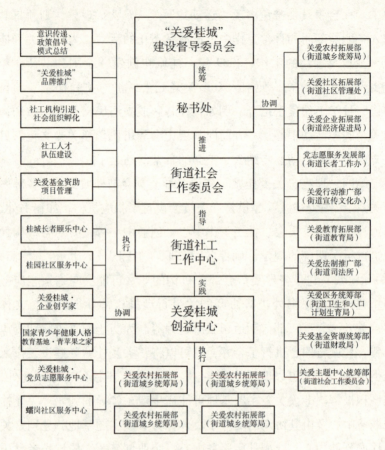

图 4-1 "关爱桂城"机构建设

3. 社会协同，创新主体，开创社会治理新局面

社会治理创新的途径众多，但突破口归结于一点：如何有效地聚集多方力量，统筹各界资源，建立多元合作共治的局面。中共十七大提出的"党委领导、政府负责、社会协同、公众参与"的社会管理格局目标，大部分学者也认同应以"社会协同"治理模式为依据调整政府与社会的关系，即党政部门与社会组织、民间机构、民

间力量之间协同服务。具体而言,"就是在政府治理能力较强而社会发育程度较低的现实情形下,政府在社会治理中发挥主导作用,但出于有效治理需要,政府同时保护并尊重社会的主体地位以及社会自身的运作机制和规律,并通过建立健全各种制度化的沟通渠道和参与平台,推动落实各项相应的制度建设和政策措施,直至将其纳入已有法律体系,从而充分发挥社会力量在社会治理中的作用"[①]。

为促进"关爱桂城"项目的发展,桂城街道办主动表态,积极与社会组织特别是公益服务类的社会机构密切合作。6年多以来,在"关爱桂城"已逐渐形成政府与社会组织协同共治的和谐局面。

第一,桂城街道党工委、办事处以身作则,率先垂范。一方面,桂城街道主动将本级政府有限的财政资源投入到公共服务中,以最大力量帮助社区居民解决实际困难,以实际行动证明政府对于创新管理模式的最大诚意。政府的带头作用给予了民间资本更多的信心,吸引了更多的社会资金、资源共同参与"关爱桂城"的建设。如2009年,由桂城街道政府全额拨款成立专项资金"关爱基金",然后采用公开招标等方式,面向公益社会组织购买社会服务。从2010年到2015年,政府投入的"关爱基金"金额呈逐年递增的趋势(如图4-2所示)。截至2015年7月30日,"关爱基金"共支持公共服务项目176个。通过政府购买服务,各部门体会到服务外包对于提高服务质量和行政效率的益处,进一步加强与社会组织和民间团体的合作。经过6年的深入发展,"关爱基金"的资助形式已经由政府主导逐渐转型成企事业单位、社会团体自下而上提出社会需求、设计关爱项目,形成了良好的政社合作氛围。

---

① 任泽涛、严国萍:《协同治理的社会基础及其实现机制———一项多案例研究》,《上海行政学院学报》2013年第5期。

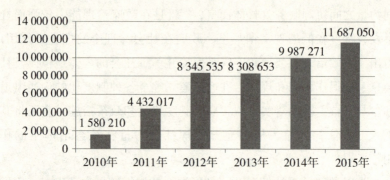

图4-2　2010—2015年"关爱基金"总金额变化（单位：元）
资料来源：桂城街道办提供，2015年。

第二，社会各界力量积极联动，共建"关爱桂城"。桂城的社会建设发育较早，在"关爱基金"的保障下，各界开始以项目合作、资助服务等形式汇聚资源，纷纷投身于"关爱桂城"的建设。例如，启创社工和社会各界热心人士与桂城党政部门共同举办每年一度的公益墟日，即让个人或者社会团体，将一切与关爱、公益相关的知识、产品在公益墟中进行摆卖，让居民参与公益成为一种生活习惯。同时，桂城当地企业家也积极投身公益事业。例如，桂城2013年的"关爱同盟"计划，共有41家热心企业提供超过价值50万元的关爱资源；2014年，"关爱同盟"正式注册成立了桂城商界关爱联会，采用会员制，企业对社会服务的参与度越来越高。此外，桂城街道和社会力量积极开展模式总结，提高合作的科学性。一方面，借助《"关爱基金"服务项目挂钩工作指引》，通过评估机制逐步提高项目质素；另一方面，与香港路德会社会服务处合作，提高项目招标和执行的科学性。2014年，桂城完成了农村社区社会服务、院舍长者服务等6个执行到位、管理成熟、可复制性强的项目，并进行了成效检视和经验总结，形成包括服务定义指引、核心服务指标、成效评估等基础性服务标准的总结报告。

第三，街道多方开展社会组织孵化培育，社会组织力争发展提速。桂城社会力量虽然发育较早,但仍存在程度较低、模式不完善等问题。因此,桂道街道积极进行社会组织培育,促进社会力量的不断壮大。2011年6月,成立了桂城公益社会组织孵化培育中心。该中心的具体措施包括:

第一,提供硬件支持。如办公场地和基金支持,如"1元办公场租"和"关爱基金"的经费支持。

第二,政策支持。例如,成立社工学院、义工学院、社区学院,并成立具有事业单位编制的社工工作中心等,切实保障社会组织发展对人才的需要。

第三,专业培育支持。如委托第三方机构对公益组织和其他社会组织开展专业培训和技术指导。桂城特别注重从外部引进(比如香港、广州、深圳等地)富有专业知识和实践经验的社会组织和学术机构加盟"关爱桂城"建设。截至目前,桂城获得了包括香港路德会、广州启创社工中心、中山大学人力资源研究开发中心、广东青年职业学院社会工作系等多个机构的支持。在街道的大力支持下,桂城社会力量不断发展,已逐渐成为桂城社会服务的重要支柱。截至2015年7月,桂城累计培育公益社会组织34家,服务领域包括城乡社区、企业社工、外来工及其子女、驻校社工、青年就业、特殊儿童、居家养老、长者院舍、医务社工、社会企业探索等,服务的地域范围遍布桂城28个村居。目前,在桂城,超过八成的社区居民能够在日常生活中享受到社工机构提供的专业服务,社会组织成为满足市民多样化和个性化服务需求的主要供给者之一,"政府主导、社会协同"的社会治理格局正在桂城落地生根。

4. 公众参与,渠道创新,激发民间新活力

良好的社会治理需要公众参与。近年来,特别是提出社会建设目标以后,党中央和各级政府高度重视培育和引导公民的公共精神,鼓励公民有序的参与。目前,扩大公众参与的关键在于拓宽和畅通参与渠道。谭建光教授认为："在北京奥运会、汶川大地震灾区志愿服务的影响下，中国无论沿海或内地、无论城市或山区，广大群众对志愿服务耳濡目染、家喻户晓，掀起了组建志愿组织、参与志愿服务的热潮。"[1] 公众通过参加志愿活动，学会理解、学会合作、学会管理，并逐渐扩大到参与社会生活，是新时期公众参与的重要方式。

桂城在借鉴外国和港澳地区的做法以及北京、上海、广州、深圳等地的经验后，为公众参与"关爱桂城"建设提供了10种途径，让每个市民可以根据自身的实际和需要找到便捷的方式，参与社会管理。这10种途径被称为"关爱桂城"的十大绿色通道。

（1）基金通道。如向"关爱基金"进行捐赠，或凭个人或者组织的专业技能，为"关爱基金"的相关项目提供顾问咨询、培训和指导。

（2）物资通道，即以物资的形式，资助需要的服务团体或者项目建设，包括资金资助、场地支持或者其他物料支持。

（3）贴心通道。一方面通过现代化的方式如电话、邮件等，为居民提供便捷服务；另一方面推出了贴心的服务，包括圆梦计划、公益资源交换（如无偿置换活动场所）和免费培训课程等活动。

（4）网络通道，即通过"关爱桂城"官方微博、微信等网络渠道，参与相关活动，包括了解"关爱桂城"动态，参与公益资源交换、物资捐赠等"关爱桂城"的活动。

（5）志愿通道，即成为义工或志愿者，参与各类志愿活动。

（6）管理通道，即参与当地的公共管理，一方面可为政府管理、社会服务和社工工作建言献策，另一方面可以监督"关爱基金"的资金申请、拨付和使用等。

（7）服务通道，即参与社会服务。居民可以便捷地参与到所在

---

[1] 谭建光：《中国农村志愿服务发展报告》，人民出版社2010年版，第265页。

社区的居（村）委员会、服务中心、社区义工队伍等各项服务活动；企业、社团可为附近的社区开展相关的专业技能服务，帮助居民解决生活、家庭等方面的问题，履行社会责任。

（8）培训通道，即参加各类培训活动。除了七大主题中心，桂城还设有三大学院，分别是社区学院、社工学院和志愿者学院，提供各类技能培训，并定期邀请专业人士开展各类培训讲座和课程。市民可根据自身需要，申请加入感兴趣的培训课程。

（9）研讨通道，即参与政策研讨会。市民，尤其是专家学者可以通过相关部门，参与推广关爱精神的相关政策、活动的研讨。

（10）献策通道，即公众为政府管理和政策制定建言献策。建言献策是公众参与政府管理的重要内容，为此，桂城建立了多条途径确保民意表达畅通。一是建立了驻点普遍联系群众制度，要求街道领导班子成员、机关和社区干部、"两代表一委员"（党员代表、人大代表、政协委员）驻点联系群众，密切干群关系，为市民的建言献策提供有效渠道。二是于2013年成立了社会政策观测站，地点分别设在关爱桂城创益中心和企业创享家，通过社工的纽带作用，一方面便于收集民意，形成从下到上的"建设性社案"，另一方面可以进行政策讨论和宣传，形成从上到下的"咨询性社案"。这样一来，政府相关部门在进行决策之前，可以先拟定草案，然后借助社区和社会组织的力量，通过观测站的中枢作用，征求社会各界的意见。

此外，"关爱桂城"特别注意公益资源的配对，推出了诸如"618街区益家生活馆"和"关爱中转站"等公益资源交换平台，透过公益人士的线下集聚和公益资源的在线配对，实现了公益资源的优化配置。广东狮子会粤亮服务队队长杜干在参与了"关爱桂城"活动后表示："以前，如果想精准找到困难家庭，通常需要特别长的排查时间，耗费相当多的人力物力。如今有了公益资源交换，不仅可以让有心人节省时间、精力，也可以更快捷有效地定位到真正需要帮助的家庭。"2014年,"关爱桂城"第五届授勋典礼的主题就定为"参与有道,关爱有你",可见"桂城关爱"建设对公众参与的重视程度。

5. 机制保障,创新制度,引导社会治理新常态

社会治理是一个复杂的系统,需要将构建管理机制作为重点,才能有效避免陷入"运动式治理"的怪圈,长久造福社会。"关爱桂城"建设过程中,逐渐形成了持续发展、互促互补的常态化发展机制,保障各项工作的顺利开展。"关爱桂城"主要包括九大机制:驻点普遍直接联系群众制度、"全城义工"动员机制、党员志愿服务机制、公益社会组织孵化和培育机制、社会工作人才培育机制、社会公益参与动员机制、"携手社工"关爱项目研发机制、"关爱课程进校园"教育机制及授勋嘉奖制度。具体而言,在以下几个领域做出了制度化的规定。

(1)"关爱基金"。"关爱基金"作为"关爱桂城"发展建设的专项资金,桂城特别注意加强相关制度建设,确保基金的使用有据、有效、有公信力。为此,6年来,桂城不断促进"关爱基金"使用和管理的制度化建设。目前,关于"关爱基金"的制度主要包括两方面。

第一,"关爱基金"的管理、审批和评估机制。"关爱桂城"建设督导委员会于2010年1月正式颁布《桂城街道"关爱基金"资金管理制度》,2011年12月颁布《桂城街道"关爱基金"资助项目管理办法(试行)》,后于2013年7月修订为《桂城街道"关爱基金"服务项目管理办法》,并不断进行完善。在制度化过程中,"关爱基金"努力寻求党政机关、社会组织、市民群众和专业力量之间的平衡。具体内容包括:

1)明确规定通过引入专业评审委员会向社会公开招标的方式,面向公益社会组织购买社会服务,保证关爱服务项目的专业水平。

2）将基金的日常管理权与审批使用权相分离，便于相互监督、相互制衡，提高基金投放的准确性。根据规定，由街道财政局负责专项资金的日常管理和增值，制定各个时期的基金使用预算；"关爱桂城"建设督导委员会对基金使用进行严格审批，保证做到专款专用。

3）引入项目绩效考核标准，完善"关爱基金"评估机制，并由稳定的专家团队定期、持续对服务项目各项工作进行评核。

第二，关爱项目研发机制。桂城街道建立了"携手社工：关爱项目研发机制"，即政府购买第三方专项服务机制，通过需求调研、服务项目、社会资源送入基层的三大步骤，推动桂城各职能单位、社区与社工机构合作，提高政府各部门购买服务的意识和能力。通过制度建设，"关爱基金"在资助金额、资助项目数量等方面得到全面提升。同时，资助项目的财政配套程序、效果评估程序等一揽子标准流程也日趋完善。

（2）密切联系群众。桂城重视党群关系和政群关系的构建，并以制度化的方式，即"驻点普遍直接联系群众制度"，建立干部联系群众的常态化机制。制度的建立，一方面便于群众了解当前政策走向、建言献策，推动政策的落实；另一方面可以促使党政干部通过直接倾听"民生民意"，了解群众真实想法，最终形成互相理解、团结友好的政群关系。截至 2015 年 7 月，桂城街道 33 个驻点工作团队，总人数 676 人，其中固定团队成员 236 人，辅助团队成员 355 人，轮值成员 85 人。通过机制建设，可以使干部养成主动与群众联系的习惯，较好地实现问题"早发现、早解决"的设想。

（3）志愿服务。志愿服务，也称义工服务。桂城清楚地认识到志愿服务在当代社会中发挥着重要的作用，积极通过发展志愿服务宣扬关爱文化，并不断加强志愿服务的制度化建设，其中包括"全城义工"运动动员机制和党员志愿服务机制。

在动员"全城义工"方面，一是搭建了首个市民学习、参与公益的平台，向对公益存在模糊理解或心理门槛的居民展示桂城优秀项目或公益组织的风采，提高居民对公益的认知度，并把富有社会责任感的青年人组建成公益探索营小组，引导青少年主动发现并发起针对社区问题而设计的公益行动。二是创建了志愿者学院，对志愿者们进行必要的基础性培训，以确保志愿服务质量。三是成立了三大志愿 V 站，推动"全民志愿者"的发展。截至 2015 年 7 月，桂城义工联共有 58131 名志愿者登记在册，180 支志愿分队，社区志愿服务建设被纳入全国五大示范试点之一，形成了"关爱桂城"的一个大众品牌。四是发挥党团员的先锋模范作用。桂城于 2008 年建立了党员志愿服务队，要求党员干部为群众送关怀、做实事，并在对入党积极分子的考核中侧重对其公益行为和公益意识的考察，以提高党员的志愿服务意识和参加公益活动的自觉性。截至 2015 年 7 月，桂城街道共有党员志愿者服务队 122 支，登记在册党员志愿者 7300 人，① 成员包括从街道党工委书记、办事处主任，到社区党员、学校团员。他们每逢周末、假期都会身穿志愿者服装，在社区农村、街头巷尾，真真切切、扎扎实实地为市民提供服务。

2013 年 5 月，中共中央政治局委员、中央书记处书记、中宣部部长刘奇葆到访桂城，对"关爱桂城"的志愿者和义工服务机制给予了肯定，并要求南海将桂城的志愿服务总结形成一套机制予以复制和推广。2014 年 1 月，桂城成立了志愿服务发展中心，探索、建立并复制推广一整套关于志愿服务的注册、管理、培训、项目建设、激励及社会礼遇等发展制度，并通过引导居民自治和互助，形成"一社区一特色"的常态化志愿服务格局。2014 年 11 月，桂城社区志愿服务成为全国 5 个志愿者社区试点之一，并于 12 月 5 日受邀参加中央文明办举行的"社区志愿服务网上访谈"活动，向全国介绍经验。

---

① 数据由挂城街道"关爱桂城"建设督导委员会提供，2015 年 9 月。

（4）公益社会组织孵化。"关爱桂城"的最大亮点之一是社会组织的孵化。社会管理创新的国际经验告诉我们，社会建设不能仅靠政府的力量，必须积极培育和发展社会力量。桂城在积极发掘和培育社会力量方面取得了重大成果，包括搭建 NGO（非政府组织）孵化平台，通过资金支持、场地提供、能力建设等为公益社会组织成长提速，不断提高社会组织的专业能力。目前，桂城已发展出一整套公益社会组织孵化机制，成功孵化了众多组织。

（5）社会工作人才培育。桂城社工人才主要是通过项目购买和倡导本土政府部门、社区等工作人员通过社工资格考试、转变社工身份的方式而逐渐发展起来的。通过多年发展，桂城建立了较为成熟的社工培育机制。截至 2015 年 8 月，桂城共有 401 名持证社工，其中 127 名注册社工师，274 名助理社工师。具体而言，有关社工人才培育的相关规定包括三个方面。

第一，以制度的方式保障社工的待遇。一方面，桂城于 2011 年成立了具有事业单位编制的社工工作中心，给予社工工作较为稳定的保障；另一方面，通过"关爱基金"，保证来自社工机构、社会组织的社工人员的待遇。

第二，关注社工成长，搭建交流平台，增强归属感。桂城建立了项目挂钩联系制度，要求每位社工负责相关领域几个不同项目的挂钩联系工作，通过社工与社会组织的合作，在帮助社会组织解决资源链接能力不足、跨部门沟通不顺畅等问题的同时，便于社工机构更快融入社区，增强其对工作的成就感。此外，成立了桂城社会工作人员协会，以"社工之家"为办会宗旨，通过举办运动会、茶会话、羽毛球赛等活动，促进社工与政协代表、机关青年、社区干事、金融白领等不同人群有更多的交流，加强社工大家庭的向心力，提高社工人才的城市归属感和社会责任感。

第三，通过社工学院课程培育，不断壮大关爱队伍。其中，2012 年 6 月成立的社工学院，以党员、公职人员、基层干部、义工骨干、社会组织精英、工商企业家为对象，目的是通过对学员开展有计划、分层次的社会工作的知识和技能传授，提升学员的专业水平，增强关爱队伍的实力。

（6）公众参与。为促进公众参与的可持续性，桂城建立了社会公益参与动员机制。其中，桂城以"政府引导、社会参与"为原则，推出资金资助、物资捐赠、服务提供、网络宣传、贴心服务（探访）、志愿服务、参与管理、参与培训、发起研讨、建议献策等10条绿道，确保每位市民都能够便捷地参与到社会建设中。此外，桂城着力于动员当地企业的力量，为公众参与提供有力的支持。例如，建立了桂城商界关爱联会，截至目前，共吸引七大类、89家企业加入，在引导商家们共享优势及资源网络的基础上，有力地提升了商界关爱联会持续发展的活力。

（7）关爱文化渗透。为了全体市民能更好地理解关爱理念，树立关爱意识，桂城推出了一系列制度，营造全城关爱氛围，包括授勋嘉奖机制和关爱课程进校园教育机制。一方面，促进关爱文化的渗透，向社会传递正能量。桂城街道推出授勋嘉奖机制，通过定期对正面优秀人物进行隆重的嘉奖和授勋的方式，引导公众的价值观。《"关爱桂城"建设授勋评选细则及奖励办法（试行）》明确要求每年举行一届隆重的授勋典礼，对在"关爱桂城"中表现杰出的个人、团体、企业和项目进行隆重的嘉奖，颁发街道最高荣誉奖章，以此引领别具桂城特色的关爱文化，促进关爱文化的渗透。"关爱桂城"授勋典礼是桂城最大型的活动，从2009年至今已连续举办6届，截至2015年，共表彰86个优秀集体和个人、29个优质项目，有效地引导了桂城人的价值取向。另一方面，为更好推动关爱文化渗透，注重从下一代抓起。2012年起，桂城街道开始在小学四、五年级和初中一、二年级全面推广关爱主题教育课程，学生通过每年5个标准课时的学习，深入地了解公益、社工和志愿者，进而提高青少年的价值判断能力和公益动手能力。桂城希望通过"关爱课程进校园"活动，帮助青少年从小养成做公益、爱公益、关爱人、关心事的好习惯，并通过青少年关爱先锋的带头作用，将关爱理念传播至家庭、社区和社会。至今，桂城累计有34000以上人次参与该课程训练，"关爱课程"成为桂城教育的特色。

（二）树立关爱理念，引导社会共识

从古至今，无论在东方还是西方，城市的发展均与信仰密切相关。美国学者乔尔·科特金认为，城市不仅是生活的机器，更是人们的精神皈依之地，维系着市民的家园情感、市民属性认同、情感纽带和精神信仰。[①] 城市理论研究学者刘易斯·芒福德在此基础上提出城市是以爱为生的器官，陶冶人和关怀人是促进其发展的最佳模式。[②] 习近平总书记就精神文明建设工作强调"人民有信仰，民族有希望，国家有力量"。"关爱桂城"注重引导全社会的价值共识，成功将传统儒家"仁义"价值观、现代博爱慈善价值观、"为人民服务"的宗旨和社会主义核心价值观相结合，以"老吾老，幼吾幼""助人乐己"吸引公众共同参与，凝聚公众向心力。"关爱桂城"建设为我国创新文化价值观、绵延民族精神提供了宝贵的经验。

1. 弘扬中华文明，继承优秀文化传统

桂城坚信只有从继承中华民族文化的传统中开拓进取，才能在现代的精神文明建设中不断前行。因此，桂城为关爱理念注入了丰富的中华传统文化，将"关爱桂城"的工作主题定为"爱己及人，

[①] 参见［美］乔尔·科特金著《全球城市史》，王旭译，社会科学文献出版社2010年版。
[②] 参见［美］刘易斯·芒福德著《城市文化》，宋俊岭等译，中国建筑工业出版社2009年版。

助人乐己",内涵包括老子所述的"既以为人,已愈有;既以与人,已愈多"(《道德经》81章);孔子倡导的"己欲立而立人,已欲达而达人"(《论语·雍也》);孟子所描绘的"乡田同井,出入相友,守望相助,疾病相扶持"(《孟子·滕文公上》);中国传统儒家所倡导的五常,即"仁、义、礼、智、信"等。同时,桂城积极推动传统国学的继承和传播,包括建立平洲传统国学文化中心,设置中国古典乐器演奏排练厅、曲艺舞台、书画研习室等,通过"以老带幼",促进传统优秀文化的继承和传播;通过"关爱桂城"建设,桂城在继承优秀文化的同时,引领潮流文化,让市民在日常生活中潜移默化地接受传统优秀文化的熏陶,成为新时代下继往开来的中华民族子孙。

2. 倡导友爱奉献,培养良好个人品格

《礼记·大学》有云:"物格而后知至,知至而后意诚,意诚而后心正,心正而后身修,身修而后家齐,家齐而后国治,国治而后天下平。"表达了最原始的家国情怀。而个人的修养,强调絜矩之道,注重德行。然而,近年来,市场经济快速发展,人民流动性越来越强,人情冷漠、财本德末成为社会中较为突出的问题,"团结友爱""互帮互助"成了稀有现象。因此,在社会转型的关键期,迫切需要加强价值观引导,促进个人良好品格的形成。从党中央到各地方都对此予以重视,提出系列的号召,党中央提出建设和谐社会,广东省委提出建设幸福广东,南海区委区政府提出"关爱、孝德、树本、至善"的核心价值观,桂城街道响应时代号召,推行"关爱桂城"建设,鼓励市民注重个人品格的提升。为了引起市民的关注和共鸣,"关爱桂城"拟定了"爱家,爱桂城"的口号,以家为起点,用爱家、爱父母、爱孩子的情怀唤起市民互相关爱的热情,并在全社会大力倡导"爱己及人,助人乐己"精神,号召大家积极关注社会、关心他人,以此化解社会转型过程中可能产

生的人际冲突和社会矛盾，实现"修身、齐家、治国、平天下"的境界。

3. 渲染关爱氛围，保障社会有序发展

开展社会建设以来，各地注重社会秩序建设，加大力度维护社会稳定，但在一些地方其效果难以显现。究其原因，是由于部分维稳工作带有"应急"色彩，地方领导干部处于被动地位，往往只能应急维稳，疲于奔命，缺乏从源头上防止冲突的有效措施。桂城街道的党政领导大胆创新，尝试通过"推广关爱精神，创造和谐稳定社会""调动社会力量，促进社会稳定"的做法，逐渐形成源头治理、动态管理、应急处置相结合的社会管理机制，在全社会形成关爱共识，维护了社会稳定。一是要求党政干部以关注、关心、关爱的温和方式，主动联系群众，关心群众，尤其是困难家庭和特殊人士，从源头上避免政民冲突。二是建立关爱基金，帮助特殊群体。三是设立关爱主题活动中心，使市民可以从多方面、多角度、多渠道，直接地感受到幸福生活质量。四是建立立体宣传网络，推动关爱文化的渗透。"关爱桂城"旨在全社会营造关爱氛围，增强市民幸福生活的"获得感"，促进社会的稳定、和谐、有序发展。

（三）推行关爱活动，激发建设活力

1. 建设关爱基地，输送关爱服务

桂城的社会自主意识萌发较早，许多市民、社会组织都拥有较高的建设热情，却缺乏开展社会服务的相关经验。因此，在"关爱桂城"建设中，桂城建立了不同类别的关爱主题中心，作为社会服务的示范基地。经过6年的发展，目前桂城共建成七大关爱主题中心，主题各异，为桂城市民输送各具特色的关爱服务，共同组成桂

城社会服务的示范基地。(见表4-1)

表4-1 桂城七大关爱主题中心建设情况

名称	定位	特色
关爱桂城创益中心	"关爱桂城"建设的总部基地,关爱文化的实体展示窗口	香港社协督导+专业机构(启创社会工作服务中心)管理+NGO协同工作
桂园社区服务中心	针对社区长者的服务需求,探索前沿社区居家养老服务	按照港式社区服务方式,投入专业社工服务,结合本社区实际,探索本土化社区养老服务模式
关爱桂城·企业创享家	搭建"创·享·家"三大关爱空间,以"关注企业,关爱人"为服务宗旨,服务范围辐射整个桂城的企业和企业人	邀请商企协会秘书处进驻服务,并引入专业社工机构承接社会工作服务,为企业提供全方位服务
桂城长者颐乐中心	为桂城孤寡独居老人提供"乐龄生活"	设立佛山市首个长者院舍社工服务部,由专业社工向长者提供一系列安老、健老、临终关怀等服务
青苹果之家	桂城青少年健康成长发展的教育平台	作为全国"青苹果之家"首批建设名单中唯一一个镇(街)级的公益性教育平台
关爱桂城·党员志愿服务中心	践行党的宗旨,管理党员、服务群众	引入专业社工,带动党员志愿者服务能力的提升
雷岗社区服务中心	"村改居"试点,提供社区服务,促进社区共融	设立行政服务站,引入社工服务

此外，为扩大关爱基地的辐射范围，桂城打造了三大志愿 V 站作为公益阵地。三大志愿 V 站分别位于凯德广场、城市广场和文化公园，是最靠近群众一线的志愿服务街头公益阵地，为市民提供诸如便民服务、社会服务宣传和城市文明形象推广等志愿服务。具体而言，志愿 V 站的服务内容主要包括六类，一是志愿文化传播类，例如公益宣讲、志愿知识宣讲、公益视频播放等；二是志愿人才队伍建设培训类，如骨干培训、工作坊等；三是民生公共服务，如免费充电、雨伞租借、义诊义修、服务咨询、资源中转等；四是信息咨询与导引服务，如城市旅游资讯、文化娱乐活动预告、各类动态信息问询等；五是社区延伸服务，如宣传、志愿活动、社情民意收集等；六是志愿服务阵地，如情商精英会客厅、公益组织孵化器、青年线下聚焦点、兴趣培训营等。志愿 V 站得到广大市民的积极响应，众多市民热情参与到 V 站的志愿服务体验工作中，启动 2 个月，便发展新志愿者 400 多人。

2. 丰富关爱项目，顾及多方需求

"关爱桂城"建设的关键是实施关爱项目。在建设主题关爱中心的基础上，为了满足更多居民的需要，桂城依托关爱基金的力量，通过调查、研究、设计、实施关爱项目，有目的、有步骤地满足不同群体的社会需求，让市民享受较高水准的公共服务的同时，不断扩大"关爱桂城"的影响力。截至 2015 年 7 月 30 日，关爱基金共资助社会公共服务项目 176 个，涉及领域众多。2015 年关爱基金的分布情况如图 4-3 所示。

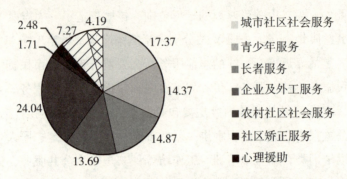

图4-3 2015年关爱基金服务项目类别（领域）投入比例

资料来源：桂城街道办提供，2015年。

(1) 重视项目的研发，并形成了丰富的研发成果。一是制定了"关爱项目研发五部曲"：第一步，开展需求调查。第二步，确定服务目标及对象。第三步，制订服务计划。第四步，组建执行团队。第五步，确定需求资源/支持者，即实施项目所需的财力物力。其中，关爱基金是关爱项目的重要支持来源。二是积极鼓励社会参与关爱项目研发。其中，2012年关爱基金创新开辟出成长型和专业型两类更具指向性的资助模式，2013年尝试以"携手社工计划"小型社工服务落户社区试点的形式，鼓励规模不同、能力有异的社会组织共同参与策划和执行政府公共服务项目。截至2015年8月，共推出桂城怡海社区发展服务、桂城夏东社区青少年服务、桂城街道夏南二社区发展服务等10个"携手社工"计划项目。三是研发成果显著。关爱项目的研发成果包括"关爱育苗计划（社会组织培育）""618教你做公益（公益理念社会倡导服务）""企业社工服务""长者院舍服务""医务社工""驻校社工"和"社工学院"等等。

(2) 关爱项目内容丰富，实施效果显著。截至2015年7月，关爱基金资助公共服务项目176个。服务领域涵盖青少年、长者、残疾人、心理援助、就业创业、企业及外工、环境保护、社区家庭、社区矫正等,惠及超过 340 万人次桂城市民和 11000 多户家庭。① 自 2009 年起,桂城引入了佛山市首家社工机构后,目前已有 15 家社工机构在桂城开展服务。经过多年发展,形成了多项品牌项目。一是村居合作项目。包括桂城夏南社区社会服务、桂城夏北社区社会服务、桂城三山新城社区服务发展规划及社区长者服务、桂城夏东社区青少年服务、桂城街道凤鸣社区青少年服务、桂城东二社区"职工·家"服务、桂城叠二社区自组织、桂城怡海社区发展服务、桂城平东社区长者服务、桂城石肯社区长者服务和桂城桂雅社区长者服务等项目。二是政府职能部门及事业单位合作项目。截至 2015 年 8 月,已有效推动政府职能部门及企事业单位参与开展关爱项目 61 个,涉及长者安老、青年教育、外来工、特殊群体帮扶等领域,包括桂城平胜社区家庭服务、桂城"青苹果之家"青少年服务项目、雷岗社区服务中心乐融社工服务站、灯湖社区融爱家庭服务中心服务、桂城心理援助热线等关爱项目。其中,桂城于 2012 年开通了心理援助热线,每天 24 小时接受市民咨询,来电者可以向心理咨询师寻求援助和倾诉心理问题。心理援助热线团队成员为心理专家、医生、社工和志愿者等,目前有 3 名常驻专职心理咨询师、10 名心理咨询志愿者和专家②,工作室设在"关爱桂城"创益中心,为市民提供贴心便捷的咨询和服务。三是公益社区参与的关爱项目。包括桂城社工学院关爱专员培训与督导项目、桂城商界关爱联会服务、"关爱桂城"创益中心天台农场等。其中,"关爱桂城"服务项目执行机构之一"佛山星儿"于 2014 年参加由中国残联和中精协主办的全国孤独症服务机构自强自律创建活动,并荣获全国"社会服务达标单位"的称号,成为全国 43 家孤独症服务自强自律达标机构之一。

---

① 数据由"关爱桂城"建设督导委员会提供,2015 年 9 月。
② 《桂城 24 小时心理援助热线开通》,《珠江时报》2012 年 6 月 14 日。

3. 深化宣传合作，唤起社会关注

"关爱桂城"建设的成长，有赖于宣传的不断深化。

（1）建设宣传平台，完善宣传网络。"关爱桂城"拥有多个宣传载体：《关爱脉搏》期刊、创益中心网站、微博、微信平台、纸媒、电视台、户外广告、视频等。其中，《关爱脉搏》在2012年创刊，是桂城街道"关爱桂城"建设专题宣传刊物，全面报道"关爱桂城"建设动态和社会管理创新信息。创益中心网站作为"关爱桂城"建设的示范窗口，由专人进行管理，及时更新关爱活动动态。此外，桂城通过公益海报、公益广告等形式，在地铁站、公交站、公园、广场等公共场所普及公益知识，宣传关爱理念，建设立体化宣传网络。

（2）联合媒体报告，传播关爱理念。在完善宣传平台建设的同时，桂城以各类关爱活动为载体，积极联动各大媒体进行报道，仅2014年，就有484篇有关"关爱桂城"的报道。通过媒体报告，不仅推动了关爱理念在不同领域、不同阶层人士中的传播，也纪录下了"关爱桂城"成果的温馨瞬间。

（3）桂城善用周年庆典进行宣传。如2012年10月12日，"关爱桂城"创益中心一周年回顾展向社会各界展示创益中心一周年工作的成果；《南方日报》2015年6月26日报道了《"关爱桂城"成长六年记》。

（4）借力互联网＋，提高社会关注度。随着互联网＋时代的到来，桂城着力加强"接地气"的随手宣传模式。除了微博，还推出微信平台，设定了多个固定栏目和"关爱中转站"，使公众可以随时随地、轻松便捷地获知"关爱桂城"建设的各类信息，为大家提供随手公益的平台，以更好地调动社会各方面的参与热情。例如，2015年7月，桂城社工为长者更换电线的活动引起全城关注。在日常的走访和工作中，社工们发现桂城有不少失独长者、空巢长者和

困难长者，他们家里的电线经久失修，可能会发生漏电等危险。但由于长者们缺乏资金支持，急需社会的关爱。因此，桂城社工推出"因你而亮"公益众筹项目，通过链接社会资源，营造安全用电环境，解决桂城困难长者的用电问题。2015年7月推出第一期活动，旨在为经过核实后家庭电线确实存在安全隐患而急需整改的16户困难长者家庭筹集资金。通过互联网的宣传，仅仅4天就筹集到了整改活动所需的1.6万元，使整改行动顺利完成，保障了老人们用电环境的安全。

第五章

嵌入社区与协同治理

——广州市政府购买家庭综合服务案例分析

政府购买社会服务是现代社会治理中的一个普遍现象。但如何借助购买服务这一市场化手段，实现政府与社会之间的良好互动，却是一个重大的课题，需要在实践中进行不断探索。本章介绍广州市政府购买家庭综合服务的案例，以期从中得到有益的启示。

一、类型化、标准化、规范化、常态化的广州家庭综合服务模式

广州市家庭综合服务中心的试点建设工作始于 2010 年，它是通过政府购买社会服务的方式，由广州市、区两级政府出资，由民办社会工作服务机构（简称"社工机构"）承接运营，根据区域服务需求实际情况，以家庭、青少年和长者等重点群体的服务为核心，科学设置服务项目，向全体社区居民提供专业、综合和优质的社会服务。家庭综合服务中心形成了"政府购买社会工作服务为主要推手、社工机构承办运营为服务主体、社区家庭综合服务项目为核心平台、第三方评估机构为监督机制"的广州家综服务格局。[①] 各街道确立项目后，通过公开招投标的形式选择社会服务机构，由民政局、所在街道和中标机构三方签订合约，日常开展的服务以无偿为主、低偿为辅，购买及评估经费由市、区（县级市）财政按比例共同承担，目前已基本形成"一街（镇）一家综"的布局，实现了对街（镇）的全覆盖。

（一）模式选择：类型化

根据街道的实际情况，比如人口结构、区域特征、社区动员能力等的不同，广州市的家庭综合服务购买按照不同的服务生产方，

[①] 参见雷杰、罗观翠等《探索、回顾、展望：广州市政府购买家庭综合服务分析研究》，社会科学文献出版社 2015 年版。

分为两种购买模式。一种是政府购买服务方式，主要由区（县级市）政府或委托区（县级市）民政局以项目管理和购买服务的方式向社会公开招投标，社会组织通过竞投取得社区家庭综合服务中心的经营权。另一种是街道间接管理方式。社区家庭综合服务中心由街道办事处作为主管部门，成立民办非企业（独立法人）单位进行管理。① 不管哪种模式，承接家庭综合服务中心项目的社会工作机构都必须与所在街道办事处和区（县级市）民政局签订三方协议，各区（县级市）民政局、财政局、街道负责对家庭综合服务中心的服务计划、服务效果、资金使用等进行日常监督管理。

（二）项目运作：标准化

广州市的家庭综合服务购买采取的是项目化运作的方式，政府将所需要提供的公共服务实行业务外包，将"服务"这种产品打包，通过公开招标，委托社会服务机构提供给社会上有需要的弱势群体。② 相比于深圳等地的岗位购买服务模式，项目化运作更有利于社工机构从整体上提供服务，避免服务的碎片化，也有利于保持社工机构的自主性，充分发挥专业化功能，更有利于稳定社工队伍，提高社会服务的可持续性。

在服务领域方面，目前广州市的家庭综合服务项目采取统一的项目内容，由原来的 3+N 模式③拓展到 4+N 模式，包括青少年服

---

① 参见《关于印发〈推进我市社会管理服务改革 开展街道社区综合服务中心建设试点工作方案〉的通知》（穗民〔2010〕213号）。
② 参见吴甘霖《政府购买"服务"：从"岗位"到"项目"》，《社科纵横》2013年第9期。
③ 根据广州市民政局《关于印发广州市街道社区综合服务中心试点建设期间三个工作规范的通知》（穗民〔2010〕320号文）规定："广州市街道社区综合服务中心主要设置家庭服务、老年人服务、青少年服务三大领域的服务（规定），其余再根据当地实际需求设置两个领域以上的服务（自选）。"

务、长者服务、家庭服务和义工服务这4个必选的项目和一个以上针对辖区具体实际的自选项目,增加了义工服务这个必选项目。4+N的项目内容基本涵盖了社区的所有社会问题,街道可以依据项目所在地社区的实际情况,对必选重点服务对象进行调整,在服务对象较少时,可将一般性服务调整为重点服务。①

在服务评估方面,2015年7月,随着《广州市家综评估与监督统筹工作服务采购项目中标公告》(以下简称《公告》)的发布,广州市家庭综合服务评估工作进入一个新的阶段,原来存在的评估标准不统一、评估规范和流程不统一、评估时长不统一的评估模式终结,而走向"三统一"的规范化、专业化和本土化结合的新模式。根据《公告》,广州市的家庭综合服务中心评估与监督统筹工作服务将被划分为4个包组,每个包组由同一个中标机构统一进行评估工作,有明确的服务期限、采购预算和服务工时量。目前,广州市社会工作协会中标包组一:全市A、B片区家综的评估培训督导及中期评估项目;广东省社会工作师联合会中标包组二:A片区(包括荔湾、天河、白云、增城和从化)家综的末期评估项目;广州市福力社会服务评估发展中心中标包组三:B片区(包括越秀、海珠、黄埔、南沙、花都和萝岗)家综的末期评估项目;广州市东山穗东事务所有限公司中标全市A、B片区家综财务评估项目。②

(三) 框架设计:规范化

随着服务型政府转型的加速,我国政府不断强化公共服务和社会管理职能,"小政府,大社会"的职能转变直接促进社会组织的

---

① 参见《广州市民政局关于印发广州市家庭综合服务中心项目招标文件有关文本设定指引(试行)的通知》(穗民〔2015〕213号)。
② 参见《广州市家庭综合服务中心评估与监督统筹工作服务采购项目中标公告》,中国政府采购网(http://www.ccgp.gov.cn),2015年7月21日。

迅速发展。在此背景下，为引导和规范社会工作和社会组织的有序开展，国家有关部门和广东省陆续出台了一系列规范性文件，包括规范社会工作服务的相关政策文件和规范政府购买服务的相关政策文件。如在中央层面，国务院办公厅出台了《政府向社会力量购买服务指导意见》，这是中央政府首次颁布的针对购买服务的专项政策性文件。与这些规范文件相对应，中共广州市委、市政府及其职能部门也出台了一系列针对"家综"项目规范实施的重要配套指导性文件，它们对街道家庭综合服务中心建设的目标要求、实施政府购买社会服务流程规范、支持民办社工机构发展、财政和场地保障等方面都提出了具体的措施，为更好地指导和规范街道家庭综合服务中心的建设提供了有力的制度保障。

除此之外，针对国家、省层面尚没有社会工作服务的相关立法的现状，广州市积极探索出台国内首部社会工作服务领域的综合性法规，目前《广州市社会工作条例（草案征求意见稿）》（以下简称《条例》）正在公开求意见。《条例》力求在遵循宪法和国家法律的前提下[①]，着眼于广州社会工作服务发展的突出问题和实践需要，积极借鉴香港、台湾等地的经验并进行了创新，首次对社会工作者的业务范围、社会工作者和服务对象的权益保护等进行了界定和明确，既系统全面，又切合广州的发展实际。[②] 同时，随着《条例》的出台，广州市还将配套出台实施《广州市政府购买社会工作服务实施办法》《广州市社会工作服务质量标准》等制度和标

---

① 《条例》主要参考了《社会工作者国家职业标准》《社会工作者职业水平评价暂行规定》《助理社会工作师社会工作师职业水平考试实施办法》《社会工作者职业水平证书登记办法》《社会工作专业人才队伍建设中长期规划（2011—2020年）》《社会工作者职业道德规范指引》等部委规范性文件。

② 参见《广州社会工作条例（草案）公开征求意见》，《南方日报》2015年10月29日；《广州市社会工作服务条例（草案征求意见稿）》的说明，公文网，2015年11月11日。

准①,从而将广州市的社会工作和政府购买等相关服务纳入法制化轨道。

(四) 资金支持:常态化

广州市的家庭综合服务项目经费主要来源于政府财政拨款。根据相关文件规定,市、区(县级市)两级财政每年资助200万元,纳入市民政局和各区(县级市)民政局部门预算,该费用作为开展试点工作的经费,②试点期两年,共400万元。除南沙区的珠江街和南沙街,以及萝岗区的夏港街由区财政全额拨款外,其他试点街道的社区综合服务项目经费均由市、区(县级市)两级财政共同承担,分担比例根据各区的实际情况有所不同。市财政主要负责社区综合服务中心的人员、办公和活动经费,区财政主要负责场地建设所需资金。

自试点以来至2014年,家庭综合服务及专项社工项目已累计投入财政资金11.07亿元③,是迄今为止广州市政府在推动社工服务方面最重要的一项投资。随着家庭综合服务购买向全市的进一步覆盖,财政投入呈现逐年增长的态势,截至2014年年底,广州市、区两级政府购买家庭综合服务项目共计171个,其中街(镇)家庭综合服务中心156个。每年每个街(镇)家庭综合服务约投入200万元,总经费维持在3.1亿元,约占全市一般公共预算收入1241.51亿元的0.25%,约占全市一般公共预算支出1434.1亿元

---

① 参见谭秋明《政府购买服务招投标+评估》,《广州日报》2015年3月27日。
② 《广州市社区综合服务中心资助及服务协议(试行)》(穗民〔2010〕320号)。
③ 参见中山大学中国公共管理研究中心"政府购买服务研究"课题组《关于广州市建设家庭综合服务中心的政策评估报告:行为、目标与工具分析》,2015年10月。

的 0.21%,① 可见，家庭综合服务项目具备强大的资金支持。

二、政府购买家庭综合服务项目的成效：
五大转变

随着家庭综合服务向全市街道辖区的全面覆盖，运营模式逐渐成形，成效也逐步呈现。截至 2014 年 9 月，广州市各家庭综合服务中心共服务 1429813 人次。其中，开展个案服务 15459 次，服务 79955 人次；开展小组工作 46832 节，服务 349860 人次；开展社区工作 18045 节，服务 999998 人次,② 直接为社区居民提供多层次、全方位的服务。家庭综合服务购买以后，社工进驻社区，在社区的服务提供方式、社区的资源整合和社区的长远营造等方面为社区带来了转变，主要包括从管理到服务的理念转变、从治标到治本的方法转变、从分散到整合的资源配置方式转变、从行政主导到自组织建设的参与主体转变和从陌生人社区到"熟人"社区的社区网络结构转变等五大转变。

（一）理念的转变：从管理到服务

在职能范畴方面，社工机构与居委会和辖区各类属地组织有较

---

① 参见雷杰、罗观翠等《探索、回顾、展望：广州市政府购买家庭综合服务分析研究》，社会科学文献出版社 2015 年版。
② 参见广州市民政局《家庭综合服务中心基本情况》（内部材料），2014 年 12 月。

多共同之处。作为社会科层结构中的最底端,居委会承接了很多政务职能,粗略统计至少有计生、民政、卫生、消防、治安、党建、监察、综治、经济、残障、团建、助老等10多条线,几乎囊括了社工机构的几大板块职能。例如,团建含有家庭综合服务中的青少年服务板块,残障含有家庭综合服务中的残疾人服务板块,助老含有家庭综合服务中的老年人服务板块。而辖区内的各类属地组织也与社工机构的职能分类有雷同之处。例如,团委对应的青年服务领域、星光之家对应的长者服务领域等。

在共同的职能范畴里,家庭综合服务项目的定位在于寻找社工机构与行政机构的差异。相比于行政机构的"行政导向",社工机构坚守的是"服务导向",将社工机构的社会服务功能定位与街道办形成互补关系。街道办主要负责行政性服务,如出租屋的登记管理、婚育证明的办理等,而社工机构则发挥专业特长,为社区居民提供柔性的服务,并通过小组活动等形式为社区增添凝聚力。以社会福利救助为例,街道办可以发挥的领域在于接受贫困低保户的申请、资格审查和救助款项的发放,是在经济技术层面的帮助;而对于社会成员的心理、情感、能力、机会等需要,则可以通过购买服务,让专业社工在心理辅导、家庭治疗、激发潜能等方面发挥专业作用,为居民的心理需求提供帮助。政府与社工机构相互结合、相互支持才能更好地帮助弱势群体走出困境。

随着市场经济的发展,社会成员的需求日趋多元化,从温饱型转变为多层次的需求,包括物质、心理、情感和人际关系等,且都在加速度增长。[①]而家庭综合服务项目的购买正是立足于互补的功能定位,借助柔性的、服务导向的理念满足居民的多层次需求。社工机构的服务理念有别于街道办等行政部门的管理理念,更能获得

---

① 参见朱静君《督导手记:社区个案介入分析》,《社会工作(实务版)》2011年第3期。

居民的认可和接受。在进驻社区之后,社工机构也会在工作方法上积极为街道办的工作人员进行指导,传达服务理念,引导其更好地与居民互动。

(二)方法的转变:从治标到治本

个体利益和需求的多元化,使得传统的"一刀切"管理方法无法满足社会的需求,甚至还会引发社会纠纷和矛盾。解决之道在于将社会问题分类梳理、逐一击破,即需要改变粗放式的方法,通过社会工作的介入,使得社区的管理日趋精细化和个性化,以疏解社区矛盾和问题。

社会工作有三大方法,即个案工作、小组工作和社区工作。[①]在家庭综合服务项目中,社工对社会问题的精准击破主要体现在个案工作上,社工善于从根本上解决个体问题。比如面对夫妻不和的案例,居委会一般采取的是一次性调解的方式。面对妻子对丈夫打人的投诉,居委会首先会支持其维权,其次会以打电话或者其他方式告知其丈夫应尊重妻子的权利,最后对妻子进行劝解,个案到此结束。但如果是社工机构,对这样的个案就会至少从六个方面介入。首先是了解家庭暴力的频率;其次是通过家庭结构等方面了解丈夫情绪发泄的方式;再次是走访居委会、邻居和单位,了解丈夫的压力源;最后再根据不同的压力源进行疏解。

社工机构善于从"人在情境中"出发,聚焦人与环境互动去理解问题,将个人问题、社区问题与社区周围的环境、社会制度和社会系统密切联系起来[②],有助于个案矛盾的根本性解决。针对不同

---

① 参见朱静君《督导手记——社区公共问题的介入》,《社会工作(实务版)》2011年第4期。

② 参见朱静君《督导手记——社区公共问题的介入》,《社会工作(实务版)》2011年第4期。

的服务对象,家庭综合服务基本上都能提供个别化的介入方向,发挥预防性、支援性、补救性和发展性的专业服务作用。① 这在一定程度上缓解了让街道头疼和困扰的社区稳定问题。社工机构也在这个过程中凭借丰富的社区工作经验和技巧彰显了自身不可或缺的存在价值。

此外,第三方的身份标签对于社工机构取得政府的认同并赢得政府一定程度上的依赖具有很大的帮助。以民间身份出现的专业社会工作可以缓解政府、单位与利益受损人士及群体之间的紧张关系,促进沟通和理解,抑制事态恶化。② 一个典型的例子是在解决因小区连续多日停水而引发居民上访的问题上。街道负责人上门劝说却遭到拒绝,上访居民甚至把全部责任推给街道,而街道也有自己的苦衷,因为产权属于小区业主,街道无法给予充分的支持。双方一度矛盾尖锐,社会工作事务中心在这个时候及时以第三方的身份出现进行调解。他们先引导欲上访居民把情绪疏解出来,疏解之后再引导其把上访的原因说出来。在客观公正地晓以利害之后,居民也明白责任归属和街道的难处,最后由街道帮助那些低保户出资,一般的住户则自己出资,大家一起把问题解决了。

第三方角色的介入无形中起到一种润滑的作用,成功地将矛盾化解在萌芽状态。而在社区公共问题中,第三方专业服务的角色发挥也显得格外重要。据不完全统计,过去3年来,广州家庭综合服务中心的社工先后介入了广州市"婴儿安全岛事件"、广州市建业大厦火灾事故、广州"7·15公交爆炸事件"等1万多个社区公共

---

① 参见雷杰、罗观翠等《探索、回顾、展望:广州市政府购买家庭综合服务分析研究》,社会科学文献出版社2015年版。
② 参见王思斌、阮曾媛琪《和谐社会建设背景下中国社会工作的发展》,《中国社会科学》2009年第9期。

问题和社会公共应急问题,彰显了社工的社会职责和使命。①

(三) 资源配置的转变: 从分散到整合

政府购买家庭综合服务之后,社工机构进驻街道,通过积极嵌入街道原有的服务体系,链接外界资源,并与辖区内各政府职能部门保持良好的合作关系,能够有效地整合资源,承担起连接社区各组织的桥梁作用。行政和服务资源可以在社工机构平台汇聚,在分担居委会服务职能的同时,也能够为辖区的其他组织提供很好的合作平台,为辖区居民提供更好的帮助。

目前,广州市已经建立了家庭综合服务中心与机关事业单位、居委会、社区服务站、社区社会组织之间的服务双向转介机制,印发了《广州市加强社会工作人才队伍建设工作领导小组办公室关于印发全市政府购买社工服务项目转介表的通知》,通过中心与各组织之间伙伴关系的构建,有效整合各类资源,为居民提供更为综合的社会服务。以石牌街家庭综合服务中心为例,据不完全统计,2014年,共与80个不同的政府单位、企事业单位、同行机构或项目保持交流,合作项目达122个(石牌街道及23个社区除外),有效促进了不同部门对社区服务的参与。家庭综合服务以教育、文化、娱乐休闲资源和辖区内的公益机构为主要的考察对象,初步完成了社区资源分析调研,逐步建立起完善的社区资源库;同时,整合家庭综合服务中心与外界组织合作的资源列表,以更充分地协助社工运用社区优势,实现资源有效利用的最大化。②

借助家庭综合服务项目这个平台,还可以进一步撬动各类企业

---

① 参见雷杰、罗观翠等《探索、回顾、展望:广州市政府购买家庭综合服务分析研究》,社会科学文献出版社2015年版。
② 调研材料:《石牌街家庭综合服务中心服务成效报告》,2014年3月至2015年2月。

资源和慈善资源。家庭综合服务项目源于政府的购买，在先天上具备较强的公信力，辖区内的企业一般乐于将捐赠投放于家庭综合服务平台，再由这个平台服务社区居民，为真正有需要的弱势群体解了燃眉之急。例如，中山大学社工服务中心承接的猎德街家庭综合服务中心，针对社区特殊儿童家庭开展"书出爱"自闭症儿童家庭支援活动，联合 CBD 金融圈的企业、街道办事处、市少年宫和社工机构，共同为有自闭症儿童的家庭服务。① 此外，社工机构借助现有的人员和固定资产，也会积极争取各类公益创投项目。公益创投项目涵盖救助、帮困、为老、助残、青少年服务、异地务工人员及其子女关爱等服务领域。截至 2014 年年底，共有 1500 万元福利彩票资助资金全部落实到位，实际撬动社会慈善配套资金 1100 万元。② 依托家庭综合服务项目申报成功之后，如果服务对象属于这个家庭综合服务所在街道的，申请到的资金会投放到这个街道，从而实现公益项目在街道"落地"，进一步盘活资源，提升服务水平。

（四）参与主体的转变：从行政主导到自组织建设

所谓社区营造，是指居住在同一地理范围内的居民，持续以集体的行动来处理共同面对的社区的生活议题，在解决问题的同时也创造共同的生活福祉，居民彼此之间以及居民与社区环境之间逐渐建立起紧密的社会联系。③ 这也是社区自组织创建、提升社区自治理能力的过程。应该说，在市场和科层之外，自组织越来越成为现代社会中一种重要的治理主体。

目前，社工机构意识到仅依靠社工的力量无法真正全面解决社

---

① 参见《家综服务设计更加精细》，《羊城晚报》2015 年 11 月 4 日。
② 参见广州市民政局《家庭综合服务中心基本情况》（内部材料），2014 年 12 月。
③ 《"社区营造"概念详解》，新浪湖南网（http://hunan.sina.com.cn/hengyang/jy/2014 – 09 – 29/110815348.html?qq – pf – to = pcqq.c2c）。

区问题。相对于拥有几万到几十万人口的街道而言,一个家庭综合服务中心仅有20人的社工投入是杯水车薪,只有千百分之一的社区居民可以被覆盖到,因而最好的方式就是进行社区营造,帮助社区培育自组织。在进行社区营造的过程中,社工机构主要采取的是发展性工作取向,旨在谋求改善更广泛的社会状况而不是解决人们的个体问题。① 相比于解决个体问题的治疗性社会工作,发展性的社会工作强调"生产性",即要求社会工作者为服务对象提供能够提升他们能力和促进其对社区生活及生产性经济参与的有形的社会投资,也强调服务对象的参与性,这有利于社会服务的可持续性和增量提升,这正是社区营造的重要理念。

具体而言,社区营造和自组织的培育,包括新团体的孵化和对已有组织发展的推动,尤其是在提升社区自组织领袖的领导力和解决问题的能力,并引导社区自组织在自主运作的过程中,吸纳更多的社区居民参与,进一步服务社区居民,扩大社区居民的社交网络。在这个过程中,社工机构的角色主要是创造沟通交流平台、自组织领袖的挖掘和培育、自组织成员关系的协调、矛盾的调解等。

在自组织建立之后,社工机构进一步引导这些组织扩大队伍,为辖区提供服务,提升全体居民的社区认同和福祉。如石牌街家庭综合服务中心,仅长者项目组就发展出135名长者义工,参与600人次义工服务,涉及20种主题服务,如疗养院的义演、独居孤寡长者的慰问探访等。一些服务队(如言传穗城、开心舞蹈队等)还自主为社区弱势人群提供服务。②

---

① J. Midgley. Social Work and the Human Services. in Anthony Hall & James Midgley. Social Policy for Development. London: Sage Publication, 2004.

② 调研材料:《石牌街家庭综合服务中心服务成效报告》,2014年3月至2015年2月。

（五）社区网络结构的转变：从陌生人社区到"熟人"社区

按照滕尼斯的"社区"概念界定，社区是由那些有着相同价值观的同质性人口组成的，关系密切、守望相助、疾病相抚、服从权威且具有共同信仰和共同风俗习惯，具有人情味的社会团体。[①] 然而，随着单位制的解体，城镇化进程的加快，人口在城乡之间、城市之间以及城市内部高速流动，现代意义上的"社区"范畴所聚集的往往是非同质的社会成员。社区结构不是高度组织化的，而是松散、碎片化的，个体之间是弱关系抑或完全陌生，缺乏人际关怀和社会支持。

"陌生人社会"难以形成社会网络，社会成员之间最大的问题是缺乏社会支持。个体在"碎片"化情境下防御复杂问题的能力是极为脆弱的，而家庭综合服务通过开展兴趣爱好小组活动等，不同类型的群体可以在一定空间互动起来。通过网络关系介入，调动、调整和利用社会资源，在一定范围内重新协调和分配资源，为处于"弱关系"状态下的社区成员提供各种改变当前所处状况的机会和条件，[②] 推动社会支持网络体系的构建，创建辖区内成员守望相助的"熟人"社区。

目前，家庭综合服务主要针对长者、青少年和妇女几类群体分别展开小组活动。比如，大部分妇女在社区较少熟悉的人，尤其是外来妇女，可能对周围环境并不熟悉，活动空间局限在家庭或者邻近的公共空间。家庭综合服务项目通过活动室或兴趣小组活动等，

---

① 参见［德］斐迪南·滕尼斯《共同体与社会》，林荣远译，商务印书馆1999年版。
② 参见周沛《社区工作中的社会支持网络构建及其意义》，《社会科学研究》2003年第6期。

将她们聚集在一起，让她们互相熟悉、彼此认识，在面对共同问题，如孩子的照顾问题上相互取经，甚至可以约定时间让孩子们一起游玩，或相互帮忙看护孩子；又比如在长者方面，家庭综合服务中心通过举办唱歌班、书法班等，引导他们适应从工作状态到非工作状态的转变，让他们可以找到志趣相投的朋友，在生活上相互照应。

三、家庭综合服务项目面临的挑战

从2012年向全市全面铺开家庭综合服务以来，广州市的家庭综合服务已经运行了近5年，第二轮招投标工作已基本完成，在取得成效的同时也面临挑战。这些挑战包括制度约束、资源约束和环境约束三个方面。

（一）制度约束：缺乏弹性

家庭综合服务项目整体设计的制度化有利于规范运营，然而在具体的指标细化方面，过于刚性的制度安排往往会带来诸多不适应之处。一方面，社会环境动态变化，过于硬性的指标限制无法适应变化的社会需求；另一方面，每个辖区和街道都有自身的情境，过于标准化的制度安排不利于街道因地制宜提供服务。

1. 指标设定标准"一刀切"

家庭综合服务项目主要是运用市场机制将服务外包给社会组

织，采取"合同管理"，由区民政局、街道办事处和社工机构签订三方协议，合同明确规定购买服务的范围、数量、质量要求以及服务期限、资金支付方式、违约责任等内容，协议指标的完成情况涉及社工机构的评估是否能够顺利通过。

根据最新发布的穗民〔2015〕213号文，目前广州市主要根据区域实际分为四类地区，每类地区都设定了专业个案、小组服务、社区活动、协助解决的社区公共问题和社区需求调研等指标的数量标准。四类地区的指标总量基本一致，区别在于个案与小组活动、社区活动的数量设定不同。

此外，每项服务内容都设定有具体的标准要求。以小组活动这一项指标的考核为例，分为兴趣小组和专业小组两项，在专业服务标准和工时标准方面都有明确的次数和时长规定，严格量化到每个季度甚至每个星期。这种客观具体的指标设定，能够避免考核加入过多的个人偏好和主观因素，有利于为社工机构营造规范的运营环境。但是，硬性的指标设定与服务对象的需求并不一定是完全吻合的。服务对象的选择应该以需求评估为导向，如果社工按照指标所限定的量来确定服务对象，将会使很多应享有社会工作服务的对象得不到社会工作者的服务。

假使需求的确定是完全依据指标限定，将使得需求不是自下而上产生，而是自上而下产生。当家庭综合服务依然只是根据既定的预算额度指标和规范来规划自己的工作，那么社区的很多需求仍属于未开发状态，未被发现，或者未被表达，依然难以超越政府直接提供服务的资源范围以及问题解决的途径，最后只能再次回归需求和服务"内产内销"的传统模式。[①] 事实上，过于硬性的指标设定也容易在一定程度上导致服务的碎片化，不利于社工机构对社会服务的统筹和整体规划。

---

① 参见中山大学中国公共管理研究中心"政府购买服务研究"课题组《关于广州市建设家庭综合服务中心的政策评估报告：行为、目标与工具分析》，2015年10月。

2. 指标设计重量不重质

目前的评估标准主要是量化的指标，质性的考核不足。项目绩效在指标的设计上偏重产出，着重考察经济效益和行政规范的成果，如项目完成了多少数量的个案、小组和社区活动以及操作上是否符合预期规范。① 量化的指标无法准确测评质量。一些机构深入做个案，但是可能服务时间并没有那么长，影响了评估结果，由此带来不公平。

孔特（Cont）根据"是否可证明"和"是否可伪造"将信息分为三种类型，即硬且不可伪造的信息（Hard and Non-Forgeable Information）、硬且可伪造的信息（Hard and Forgeable Information）和软信息（Soft Information）。② 在政府购买服务的现实情境中，大部分服务信息都属于"硬且可伪造的信息"和"软信息"这两种类型。当合同指标测量存在困难的时候，重量不重质反而比重质不重量的机构有更好的评估表现。在此逻辑之下，马虎行事、应付指标，甚至虚构指标数据，似乎成为社工机构行内更为合理的"理性选择"，而踏实提供服务反而成为"不明智"的行为，这会打击优质机构的信心。因而，如果严格按照合同标准和规范进行指标上的核查监管，那么，重量不重质的指标设定将会导致"劣币驱逐良币"的风险。

3. 文书任务重

所有的监管方式当中，社工记录服务过程的文书构成了社会服务评估最主要的信息来源。文书的工作量很大，大部分社工都反映

---

① 参见中山大学中国公共管理研究中心"政府购买服务研究"课题组《关于广州市建设家庭综合服务中心的政策评估报告：行为、目标与工具分析》，2015 年 10 月。

② Walter Alberto Cont. Essays on Contract Design: Delegation and Agency Problems, and Monitoring under Collusion. University of California Los Angeles, 2001.

平时需要耗费一半的时间和精力在文书的撰写上。

家庭综合服务中心需要准备的评估资料包括自评报告、项目运营书（标书）、协议、项目年度计划书、需求调查问卷模板及报告4个大项15个附件[①]。根据评估要求，社工机构每年必须接受第三方评估机构中期和末期两次评估，"几乎是首尾相接，中期刚结束，末期马上就来了"。每次自评，接受中期评估、末期评估，机构都要准备大量的文书材料。[②] 社工机构普遍反映文书撰写的培训和文书撰写耗费了社工大部分精力，从而导致社工真正用于服务的时间减少了，将目标与手段颠倒了。

（二）资源约束：不对称性依赖

1. 资金依赖

在《组织的外部控制：一个资源依赖的视角》一书中，菲弗和萨兰基克提出："没有任何一个组织可以完全自给自足，组织的生存建立在控制与其他组织关系能力的基础之上，组织必须通过与外界中所依赖的要素进行互动，获取所需的资源来维持生存。"[③]

目前，我国的社工组织源于政策的催生，按照政府购买服务的制度设计，市、区财政按照每个家庭综合服务中心每年200万元的标准进行服务购买，服务资金纳入常态化的财政预算，由市区两级财政分担比例共同资助。此外，家庭综合服务被规定为"以无偿为

[①] 即评估流程（需要中心安排访谈对象的约见时间）、项目基本情况、人员配备表、人员到位情况表、督导简介、中心制度目录、专业个案工作目录、小组工作目录、社区工作目录、员工培训记录、员工督导记录、指标完成对比表（总表）、指标完成对比表（分表）、财务设置汇总表、预算支持对比表。

[②] 《广州政府花3.3亿购买的家综服务，你知道怎么用吗》，《新快报》2015年9月2日。

[③] ［美］杰弗里·菲弗、杰勒尔德·R. 萨兰基克：《组织的外部控制——对组织资源依赖的分析》，闫蕊译，东方出版社2006年版，第48页。

主、低偿为辅",社工机构基本没有机会通过收费的方式获得充足的运转资金。这种单一来源的资金配置方式基本是封闭的,在资金结构上具有"先天不足"的缺陷。加上我国社会组织理念尚处于萌芽状态,难以发展会员制寻求支持,这使得其在资金上严重依赖于政府。

2. 资金使用条件限制

在资金的支配上,社会组织也受到多重限制,无法自主调配资金。穗民函〔2012〕263号文提出,总经费的60%用于人员开支,10%用于专业支持,10%用于开展专业服务和活动费用,10%用于日常办公费用,10%用于其他杂费(包括中标费用、评估费、机构年度相关税费)。

以每个街道为单位,200万元的经费投入似乎很充足,但如果根据200万元的经费结构配比,它对于真正做服务的机构而言是紧张的。随着社会人力成本和物价的持续上涨,运营经费不足的问题更加突出。经费的紧张直接影响服务的提供。

3. 人力资源匮乏

从社工配置的数量来看,以满足街道的需求而言,目前每个社工机构拥有20名社工,其中14名是专业服务的社工,其他6名是行政和财务人员。这14名提供专业服务的社工,如果做个案,每个人一年最多只能完成6~7个。一个家庭综合服务中心全年最多只能完成100多个个案。这对于拥有几十万人口的街道而言,往往是杯水车薪。

从社工的薪酬收入来看,按照200万元总经费中60%用于人员开支的经费安排,每个社工平均每年只有6万元的收入,工资水平较低。数据显示,在广州各区中,增城区社工的平均到手工资最高,每月达3840元;海珠区最低,仅3174.17元;天河区倒数第四，只有3270.25元。不同职位的社工的到手工资也有差异，社工助理的工资最低，平均每月只有2830元；中心主任的工资最高，但也只有4627.60元，均比同期广州市平均月薪6830元要低很多。① 大部分家庭综合服务中心的社工薪酬增长缓慢，相对一线城市的巨大生活成本，社工明显感觉到生存压力，这在一定程度上导致社工队伍的流失。例如，2013—2014年度各区社工专业人员总体离职率已达24.55%②，使得部分机构一直处于人员紧张的状态，影响到社工行业的持续健康发展。

（三）环境约束：公共服务的内卷化

"内卷化"这一概念最初来源于美国人类学家吉尔茨的定义，是指一种社会或文化模式在某一发展阶段达到一种确定的形式后，便停滞不前或无法转化为另一种高级模式的现象。公共服务的内卷化主要体现在"没有发展的增长"和"公共服务的悬浮"，即社会组织所提供的公共服务没有惠及公众，而是停留在政府内部。③ 家庭综合服务的购买源于自上而下的制度安排，而非自下而上的需求导向，这种"先天不足"使其面临政社关系处理、社工组织定位和公众认可等环境约束问题，容易导致公共服务的内卷化问题。

1. 价值取向不同

随着购买服务的深入，政府对社会组织的态度也慢慢从抗拒到质疑再到认可，并默认为一种有益的存在，伴随的是政府的策略手

---

① 参见雷杰、罗观翠等《探索、回顾、展望：广州市政府购买家庭综合服务分析研究》，社会科学文献出版社2015年版。
② 参见雷杰、罗观翠等《探索、回顾、展望：广州市政府购买家庭综合服务分析研究》，社会科学文献出版社2015年版。
③ 参见李春霞等《体制嵌入、组织回应与公共服务的内卷化——对北京市政府购买社会组织服务的经验研究》，《贵州社会科学》2012年第12期。

段也从之前的控制、规范转变为功能开发。但是，策略的改变并不意味着基层政府管治目标的变化。街道办真正关注的目标依然在完成上级交派下来的行政任务和做出政绩以求在晋升锦标赛中取胜，在策略上则力图利用社会组织的社会服务能力来提升政府的社会合法性，在此过程中实现街道的权威重塑。

购买服务以后，政府通常希望非营利组织能够成为它履行各种行政任务以及化解社会矛盾和风险的辅助力量，试图以自身的行政任务需要替代社会组织提供社会服务的自我定位。一是协助进行综治维稳工作。对于涉及"一票否决"的综治维稳工作，街道办事处迫切需要动员各方资源，做到"大事、中事不出，小事出了也能及时化解"。社工机构拥有特殊的社会矛盾处理方法，自然成为街道不二的选择。二是协助应付突击性任务。街道作为职能部门各项任务的汇集点，需要应付层出不穷的突击性任务，时间资源、人力资源的短缺使得街道将社工机构作为其突击性任务的转接对象。三是协助做出工作亮点。为扩大影响力、突出工作亮点，有的街道倾向于让社工做大型社区活动及小组活动，而非社工本质所应做的个案活动，这一点与社工的目标使命不一致。

对于社工机构而言，其核心目标和使命可以归纳为"科学的慈善"与"助人自助"，强调的是"凭着博爱精神去关怀帮助社会中的弱者或受苦受难的人"[1]，以利他主义为指导，以科学的知识为基础，运用科学的方法进行的助人服务活动[2]，其服务对象主要是被主流社会组织体制所忽视或排斥的边缘性社会群体，也就是社会弱势群体[3]。实实在在地为社会提供服务，特别是为弱势群体和特殊人群提供帮助，这才是社工机构的价值体现和立身之本。这一点

---

[1] 陈涛：《社会工作专业使命的探讨》，《社会学研究》2011年第6期。
[2] 参见王思斌《社会工作概论》，高等教育出版社2006年版。
[3] 参见徐从德《民间社会工作服务机构的特点与功能分析——基于上海、深圳、济南三地的个案研究》（硕士学位论文），山东大学2009年。

是与基层政府的价值取向有所不同的。

2. 存在隐性契约

社会工作服务作为软性公共服务，在执行标准的设定上存在一定的困难。一是难以进行量化，无法在成本和价格上给出绝对的标准；二是在数量和质量上的标准难以平衡，容易引起投机行为；三是其面向的是多元的任务目标，难以以统一的标准进行硬性规定。评估标准的模糊化、评估指标的主观化等都使得显性的合同契约管理无法将所有的情形约束其中，这为街道办提供了很多弹性空间和自由裁量权。

作为购买方，街道更关心的是社工机构的人力投入，他们希望这些人力资源可以用于帮助街道应付上级派发的行政任务。对社工机构的专业自主性构成较大挑战的，是购买方即街道办派发的行政任务，比如协助街道的"幸福社区"建设、创文创卫活动，抑或在街道人手不足的时候抽调人手协助街道工作。

面对街道办的行政任务导向，社工机构表现出一定的无奈和被动。政府对社会组织的认知会直接影响其行为选择和关系模式安排。如果向居民提供社会服务属于街道办认可的重要领域，那么合作过程中双方更容易达成以社会服务为主导的共识。如果不一致，就容易用行政任务导向要求社工机构。

3. 角色定位不清晰

相对于西方，我国的社会工作起步较晚。直到 2008 年，我国才进行了首次全国社会工作者职业水平考试。对于社工的角色定位，无论是普通民众，还是社工本人，都没有足够清晰的概念，社会理念难以扎根。

广州市白云恒福社会工作服务社服务总监表示，如今，家庭综合服务遍地开花，但很多社工并不清楚自己的工作定位，不少居民也将社工与居委会人员混为一谈。① 根据新快报记者对越秀、天河、海珠三区的 200 名街坊的问卷采访，164 名街坊表示知道或听说过家庭综合服务和社工，占 82%。但仍有高达 73% 的受访者表示并不了解家庭综合服务和社工行业。其中，49.5% 的人以为社工就是义工或志愿者，23.5% 的人则将社工当成了居委会人员。② 社工的社会认知度亟待提高。

大多数人会将社会工作者理解为志愿者、社区工作者、基层党群工作者等③，而社会服务的重点在于与服务对象的互动和交流。在社会理念较为薄弱的环境下，社会组织往往面临认同危机和信任压力。

四、总结与建议

（一）制度设计：从刚性向弹性化转变

应该尽可能考虑街道的实际，可以在划分区域的基础上，降低指标标准。例如，定出指标的上限和下限，再由街道根据实际情况制定具体的标准，使得社会服务管理更为精细化。按照区域实际情

---

① 《家综服务设计更加精细》，《羊城晚报》2015 年 11 月 4 日。
② 《广州政府花 3.3 亿购买的家综服务，你知道怎么用吗》，《新快报》2015 年 9 月 2 日。
③ 《中国"社工"发展难在哪？收入不高、认知度亟待提高》，《光明日报》2014 年 3 月 18 日。

况进行指标设定,能够使得服务更具针对性。然而,每个区都涉及较多的街道,街道的实际也有所不同,每个街道的辖区面积、人口数量和人口密度都不一样。在笔者的访谈调研中,大部分街道分管领导认为协议内容没有结合基层的实际,数量指标过多。在民政局组织的座谈会上,也有较多的社工机构表示合同的指标数量设定应该控制在一定的范围内,否则不利于社工机构的发展。

因此,在合同的指标设定方面要更加注重街道的实际,根据街道的资源分布、人口属性和经济文化历史等条件,在数量和服务内容结构的设置上给予街道一定的自主支配空间,从而使得两者的偏好在合同上尽量达成一致。在易于量化的领域可以继续采取计量的考核方式,如个案的数目;而在不易量化的领域应该以实质的效果作为评估的依据,而非人为地、机械地将其划分为具体的计量单位。如发展社区的团体和活动,可以要求最后形成一定数量的团体,但是没必要强行将其设置为具体开展了多少次。在难以量化的服务领域给予社工机构更多的自主性,而将关注的重点放在具体的输出结果和日常的监管方面。

除了数量指标之外,合同涉及的内容板块也要进行相应调整,避免因宽度而忽略了深度;在个案方面不应该只考虑数量和工时,应该注重其成效,注重指标数量与质量之间的平衡。因此,要进一步整合辖区资源,根据服务需求层次安排合同内容,避免重复施力,造成资源的浪费。

此外,应该以日常监管为主,加强日常巡查和走访,评估只作为阶段性的一种验收,"以评促建、以评促进"。现场的不定期稽查有利于规范社工机构的日常运作。目前,新评估方法已经开始加入现场评估这一环节。根据《广州市家综评估与监督统筹工作服务采购项目中标公告》,中期评估采取材料评估和实际考察评估两种形式,其中现场考察评估将抽取不低于A、B片区所有家庭综合服务项目总数的30%进行现场评估,新建或上期末期评估为基本合格等级的家庭综合服务项目将被纳入现场评估范围；末期评估则全部采取现场考察的方式进行，由稽查员随机进入各家庭综合服务中心进行不定期稽查核查工作，评估内容包括人力资源配置、项目运营管理、服务质量、服务对象满意度测评等。① 现场评估将是未来评估的新趋势。目前的中期评估现场抽查比例只有30%，建议在降低硬指标的情况下，逐步提高这一比例，并在日常的走访过程中帮助社工机构完善和提高运营水平和服务能力。

（二）资源拓展能力：加强自我"造血"能力

由于对资金的依赖和资金使用的条件限制，使得社工机构从一开始就具备强烈的生存导向。因为，如果无法真正以独立的身份扎根于社区，将面临被传统公共部门同化的风险。在此背景下，提高社会组织的自我"造血"能力就显得格外重要，一些社工机构在这方面的探索可资借鉴。第一类是与企业合作而获得资源；第二类是通过申请基金会、公益创投项目的方式赢得项目资金；第三类是在取得募捐许可证之后进行网络或者街头募捐，一般采取定向项目的形式。

按有关规定，通过基金会或募捐形式取得的资金需用于特定的项目，而不能直接作为家庭综合服务项目的服务经费。但是，最终资源也是投放于社工机构所在辖区和街道，服务于当地居民，因而能够实质提高服务的质量和水平。同时，这种资源的拓展和"造血"功能的提升，有利于减少社工机构对政府的资金依赖，并提升自身的生存竞争能力。

此外，要进一步突破人力资源困境。正如广州社协秘书长朱静

---

① 参见《广州市家庭综合服务中心评估与监督统筹工作服务采购项目中标公告》，中国政府采购网（http://www.ccgp.gov.cn），2015年7月21日。

君所言:"社工最大的目标就是让社会不再有社工,让每个人都可以发展为社工,可以在遇事时调整心态,找到资源。"① 为此,"社工+义工"的服务模式是一个可行的方向,通过社工的加入和志愿文化的传播,壮大社会服务队伍。

过去3年,广州市家庭综合服务项目累计发展义工约13.95万人(包括社区居民和非社区居民),每年平均发展义工约4.65万人。相对于其他义工而言,本地居民义工的发展对家庭综合服务尤为重要。全市2012—2014年家庭综合服务培育社区居民义工队伍累计823支,这些居民义工队伍成员人数共计31397人。② 但是,目前在全市范围内,各区的义工队伍发展依然参差不齐,天河区义工人数达到9343人,而从化市仅242人。此外,目前的统计人数大多基于登记注册人数,存在一部分人登记在册而无实际服务的情况。因此,如何提高志愿者的可持续服务能力,更大范围地吸引居民参与义工服务,需要家庭综合服务平台做出更大的努力。

(三) 重塑外部环境:培养共同价值认知

避免公共服务内卷化的最好方式在于通过培训和宣传,培养对社会工作的共同价值认知,重塑适合社会工作健康发展的外部环境。

1. 培训

在走访过程中我们了解到,大部分社工机构都希望通过培训等方式,使得政府对社会组织的功能定位有清晰的认知,在此基础上获得真正的自主性空间,并实现社会组织的价值与使命。

---

① 转引自《家综服务设计更加精细》,《羊城晚报》2015年11月4日。
② 参见雷杰、罗观翠等《探索、回顾、展望:广州市政府购买家庭综合服务分析研究》,社会科学文献出版社2015年版。

如同王思斌所呼吁的，政府需要容忍与之合作的社会工作机构开展并非与社会管理直接相关的服务活动，容许社会组织的服务与政府工作的紧迫性要求有所区别。[①] 政府对社会组织的认知会直接影响其行为选择和关系模式安排，如果向居民提供社会服务属于基层政府认可的重要领域，那么合作过程中双方更容易达成以社会服务为主导的共识。

越秀区民政局的政府购买服务报告就明确指出，目前街道办在政府购买家庭综合服务的功能定位上存在不清晰的问题。"家综专业服务作为第三方力量嵌入街道服务管理体系，家综专业服务和街道公共服务界线模糊，部分家综需配合街道落实民生服务，街道根据自身服务重点委托家综承担协议以外的服务内容，导致家综容易异变为街道内设机构，丧失专业服务自主性，服务外延不断扩大。"针对此类问题，民政局出台相关文件，并在"机构发展"板块中明确指出，"邀请社会服务领域专家或家庭中心督导等为街道、社区工作人员进行持续培训，采用督导理论授课和专业社工引领实务见习的方式，全面参与社区社会工作培训的过程，提高专业服务知识和素养，促进其向社会工作者靠拢和转化"[②]。

目前，由民政局牵头，已举办了各式各样的培训和座谈会，培训的主题主要是关于家庭综合服务的运营，如新评估办法培训会、运营管理办法和运营服务标准专项工作会议等，建议在后续的培训中增加提高社会工作认知度和政社伙伴关系维护等相关主题，使得基层政府与社工机构在社会工作的价值偏好和目标上达成一致。

---

① 参见王思斌《试论社会工作对社会管理的协同作用》，《东岳论丛》2012 年第 1 期。

② 《越秀区街道家庭综合服务中心相关服务指标参照标准》（越民〔2011〕52 号）。

2. 宣传

一方面，民政局可以借鉴其他省市的做法，出台加强社会工作宣传的意见。例如，北京市民政局在 2015 年 8 月就发布了《关于进一步加强社会工作宣传的意见》（京民社工发〔2015〕201 号），重点宣传社会工作政策，社会工作知识，社会工作化、职业化发展，社会工作典型，社会最关注、群众最关心的社会问题。广州市可以借鉴这种做法，通过对社会工作的全方位宣传，树立社会工作者在构建和谐社会中"减压阀""减震器""挡风墙"的形象，创造"有问题找社工"的舆论环境，从而提高社会工作的专业影响力、社会认知度和群众认可度。另一方面，建议由民政局牵头，进行全市范围的统一宣传，提高宣传的整体效果，也降低由机构单独宣传所耗费的人力物力。

宣传形式上，可以倍助"国际社工日"等节日，通过评选社会工作领军人才等形式，表彰先进，树立典型；也可以借鉴香港的做法，将社会工作拍成电视剧或宣传片，抑或开设一些社会工作栏目，通过地铁等公众传媒滚动播放，在提高大众对社会工作知晓度的同时，也加深公众对社会工作的印象。

第六章

基本公共服务均等化与社会善治

——中山市流动人员积分制的启示

近年来，随着我国经济的快速发展，大量人口涌入城市。但是，在我国现行的以城乡二元结构为基础的户籍管理体制下，流动人口无法与城市居民享受均等的基本公共服务。与基本公共服务缺失相对应的，是流动人口往往还面临着"户籍歧视"、就业歧视、工资福利待遇不公等问题。这些问题若得不到较好的控制及解决，容易进一步演变成严重的社会性、群体性事件，对社会和谐稳定构成威胁。因此，如何打破传统户籍制度的坚冰，着力解决流动人口问题就显得尤为重要。本章介绍中山市通过积分制解决外来人口入户、入学问题的经验及其给人们带来的启示。

一、中山市积分制管理的主要内容

(一) 积分制管理概述

中山市流动人员积分制管理,根据其行政区域范围内的人才需求和财政承受能力,综合考虑流动人员个人素质的高低与社会贡献的大小等情况,以服务流动人员为目的,采取定量与定性相结合的方法进行积分登记,按照"总量控制、统筹兼顾、分类管理、分区排名"的原则,每年安排一定数量的入户、入读公办学校、入住保障性住房指标给流动人员,以推进户籍制度的改革和流动人员基本公共服务市民化,实现流动人员个人发展与城市需要的对接,以及从流入到融合的转变。

中山市积分制管理的对象主要是针对那些户籍不在中山市,但已经办理《广东省居住证》,在中山市工作且已累积满 1 年以上(含 1 年)的流动人员。符合条件的流动人员经过本人自愿申请,并经政府相关职能部门核实后,便可纳入流动人员积分制管理范围。针对庞大的流动人员服务群体,中山市形成了多部门协同的多层次工作体系。总体来说,流动人员积分制管理由中山市政府统筹,市流动人口管理办公室负责具体实施,各相关职能部门和镇区依职责权限协助实施,镇区流动人口和出租屋管理服务中心(站)负责具体业务操作,形成"市—镇—村(居)"多层次工作体系。具体而言,中山市流动人口管理办公室负责具体实施流动人员积分制管理工作，开发和维护"中山市流动人口和出租屋综合管理信息系统"积分制管理模块，组织、协调、指导各镇区流动人口和出租屋管理服务中心开展流动人员积分制管理工作，受理流动人员积分制管理相关投诉。中山市流动人口管理办公室委托各镇区流动人口和出租屋管理服务中心，设立流动人员积分制管理申请窗口，具体负责流动人员积分制管理的申请受理、资料审核、信息录入、材料传递等工作。中山市政府各有关职能部门及其在镇区的分支机构、派出机构和其他相关组织机构，在职责范围内协助市流动人口管理办公室以及各镇区流动人口和出租屋管理服务中心做好流动人员积分制管理工作。例如，各镇区卫生和人口计划生育局设立专门服务窗口，核查申请积分的流动人员计划生育情况，确定加减分，开具计划生育情况审核表。

中山市流动人员积分制管理统一采取个人自愿、分区申请、统一管理、动态调整的模式，根据流动人员的具体积分及排名情况，给予其相应的服务待遇。该管理方式主要遵循以下四大原则：总量控制、统筹兼顾、分类管理、分区排名。其中，"总量控制"指在人口、资源等的承载能力范围内科学调控；"统筹兼顾"指综合考虑经济能力、人员素质、社会管理、发展需求等指标，科学地进行制度安排；"分类管理"指根据不同镇区所能承载的流动人员入户人数、可提供公办教育资源情况、住房保障资源情况，分配数额不等的入学、入户公租房指标，同时分别设立了入户、入学、入住公租房的准入线数，不再将扣减分列进入学总积分，建立分类计分体系；"分区排名"指以镇区为单位，申请人根据积分高低，轮候享受入学、入户等相应待遇。

(二) 积分制管理的核心：积分指标体系

1. 评分依据：积分指标

在充分考虑中山市经济社会发展现状和趋势以及流动人口实际情况的基础上，中山市借鉴并参考国际人口迁移积分制管理的经验，构建指标体系与确定指标分值。中山市流动人员积分制管理计分标准主要由三部分组成，即基础分、附加分和扣减分。其中，基础分指标包括个人素质、参保情况和居住情况三项内容，附加分指标包括个人基本情况、急需人才、专利创新、表彰奖励、社会贡献、投资纳税、卫生防疫、儿童随行卡办理、住房公积金缴交、社会教育、基础教育等11项内容，扣减分指标包括违反计划生育政策和违法犯罪两项内容。

入学总积分＝基础分＋附加分。

住房保障总积分＝基础分＋附加分＋扣减分。

入户总积分＝基础分＋附加分＋扣减分。

在具体积分标准方面，中山市侧重个人素质得分，包括文化程度、职业资格或专业技术资格，该项最高得分可达到190分，远远高于其他项目。而这种对于高素质人才的偏向，虽然受到部分流动人员的质疑和批评，但也反映了中山市在设计这项制度时所希望的在有限的公共服务资源分配中引进人力资源的目的。对中山市而言，通过积分制吸纳高素质人才，可优化其人口结构，以适应产业结构升级对高素质人才不断增长的需求，从而促进城市的发展。对流动人口而言，特别是与上海等地的积分准入制对人才、房产和资本的重视相比，中山市的积分入户政策还从两个方面照顾农民工群体的入户需求，一是设置工作经验积分等普适性项目，二是降低入户门槛（积分60分即可申请入户）。

2. 评分方式：分类排名

流动人员子女入读公办学位的指标数、承租属政府所有公租房的指标数和流动人员迁入中山市户籍的指标数，由相关职能部门拟定并经市积分服务管理联席会议审议后报市政府批准，在每年3月底前向社会公布。中山市流动人口管理办公室每年对需要享受相关待遇的流动人员按其所得积分高低进行分类排名，排名在公布指标数内的，可按有关规定享受相关待遇。流动人员申请相关待遇的积分排名，在总积分相同、排名并列的情况下，根据流动人员个人素质、参保情况和居住情况的所得分数依次分别排名，如排名依然并列，则按提出申请的时间先后确定积分排位。流动人员伪造或提供虚假申请资料的，一经发现，不予纳入积分制管理；已取得入户、入学资格的，取消其资格，所得积分清零。该流动人员不得再申请参加积分制管理。流动人员户籍迁入中山市后，其积分制管理自动终止。

在积分制管理的具体实践中，无论是积分入学，还是积分入户，都存在指标的结构性失衡。具体表现为以城区为代表的发达地区，申请量远大于指标量。如2010年，城区和开发区积分入户申请量与指标量之比超过3∶1。这直接推高了发达地区入户和入学的分数线。为此，中山市推出优惠政策，流动人员在火炬开发区、石岐区、东区、西区、南区以外的镇区申请享受相关待遇，累计总积分按照个人实际总积分的30%给予奖励。但该政策并未从根本上改善积分入学、入户的结构性失衡状况。

3. 评分调整：动态积分

流动人员积分情况，根据流动人员有关指标内容的变化，在"中山市流动人口和出租屋综合管理信息系统"中相应作动态调整。这主要包括两个方面：一是针对参与积分制管理的流动人员有关指标的变化，应及时向各镇区流动人口和出租屋管理服务中心提供相关证明材料，经核实纳入个人积分档案，调整累计积分。二是针对已纳入积分制管理的流动人员存在扣减分指标中规定情形的，各镇区公安分局、卫生计生局发现后应及时将有关资料移送至所在镇区流动人口和出租屋管理服务中心；各镇区流动人口和出租屋管理服务中心在5个工作日内对相关人员的积分进行相应调整。通过积分的动态调整，可以更好地保障积分管理的科学性、持续性和公平性。

（三）满足不同层次的服务需求：积分制的三大板块

针对流动人员不同层次的公共服务需求，中山市提供有区别的积分制服务，具体分为积分入学、积分入户和积分申请保障房三大板块。一是针对只想解决小孩教育问题的流动人员，给予积分入学的机会；二是针对想入户中山市的流动人员，在达到入户资格、办理相关手续后，成为实实在在的本地人，享受所有当地的基本公共服务；三是针对只有住房需求的流动人员，给予保障性住房的积分方法。同时，针对那些不愿放弃土地又想获得城市居民待遇的流动人员，在达到积分入户资格后，不强迫其办理入户手续，而是给予特殊标记，使其在外籍户口的情况下享受与本地居民完全相同或部分相同的公共服务待遇，这在一定程度上将户籍与福利相剥离，是对户籍制度改革的一种有益探索。通过这种有差别的服务供给，一方面可以更有效地配置公共服务资源；另一方面也可以惠及更多的流动人员，提供更有针对性的服务，做到以人为本。

1. 积分入学

虽然流动人员的公共服务需求趋于多元化，但子女入学是多数人最迫切的需求。为此，市政府根据各镇区教育资源分布情况和外来常住人口规模，每年提供一定数量的公办学位（即"入学指标数"），用于积分达到相关标准的流动人员子女享受入读公办学校待遇。入学指标数一般在每年的3月底之前公布，由市教育和体育局初步拟定当年的入学指标数，后经由积分服务管理联席会议审议后报市政府批准。

中山市规定积分累计达到30分的流动人员，其符合入学条件的适龄子女，可以在其工作地或本人（配偶）的产权房屋所在地申请享受义务教育阶段中山市公办学位待遇，根据申请人的积分情况进行学位排名，在入学指标数额内，积分多者获得入读资格。但由于公办教育资源短缺的制约，积分入学所能提供的入学机会仅仅限于小学一年级和初中一年级。这一规定受到了流动人员的极大诟病和质疑。对此，中山市在一次向省委办公厅的正式报告中也做出了相应的回复："积分制是建立在有学位的基础之上。由于小学一年级和初中一年级是新生入学，政府可根据自身承受能力提供学位。但非一年级的学位一般要前一年级学生离校才能产生，而中山市这类情况非常少，如采用积分办法解决插班生问题，行政成本远大于实际效益，所以暂未推行。对于高考受户籍限制的情况，由于这是全国统一政策，从市的层面暂时无法解决。"[①]此外，在积分制的实践过程中，考虑到部分流动儿童父母双亡或其他原因造成父母丧失监护权的情况，中山市规定该部分流动儿童可通过其他合法监护人的名义申请积分入学，从更大的范围上照顾到了不同的流动儿童。

积分入学的流程主要包括：①申请人自愿提出入学申请；②进行积分排位。通过公示后，市流动人口管理办公室会将排名情况提交给市教育和体育局。市教育和体育局通知各镇区根据公布的入学指标数和排名情况，按照就近入学原则安排流动人员子女入读。对于不服从安排者，原则上视为放弃此项待遇。

---

① 中山市委办：《关于省市领导批办事项办理情况的报告》（内部资料），2010年8月23日。

2. 积分入户

根据各镇区公共资源实际情况，每年安排一定数量的流动人员迁入中山市户籍（即"入户指标数"）。入户指标数一般在每年的3月底之前公布。每年年初由市发展改革局会同市人力资源社会保障局和市公安局，根据省下达的指标数拟定各镇区当年入户指标数，经积分服务管理联席会议审议后报市政府批准。

对于所有在中山市的流动人员，积分累计达到60分的，提出申请的上月在中山市缴纳了社会保险费，且符合下列条件之一的，在法定工作年龄内可申请积分入户排名。一是申请人本人、配偶或直系亲属在中山市拥有合法房产，且其家庭人均住房面积不低于本市规定住房保障面积标准的；二是申请人在中山市有合法职业连续满3年（以连续缴纳社会保险并办理了居住或暂住登记为标准）。此外，违反计划生育政策生育（含收养）子女的流动人员，违法生育行为未满5年，或夫妻任何一方未接受处置完毕的（含虽已离婚，但前配偶未接受处置完毕的），不能申请积分入户。由此可见，中山市的积分制管理没有"一票否决"的前置条件，所有外来的流动人员无论何种学历、身份、职业，只要按照指标进行积分，达到一定标准就可以申请入户。正是在这个意义上，积分制管理具有自由流动和户籍改革的普遍意义。

积分入户的流程主要包括：①申请人自愿提出积分入户申请。②进行入户积分排位。通过公示后，由市流动人口管理办公室将排名情况提交市公安局，并向积分排名在入户指标数内的流动人员发出积分入户通知书。③入户手续办理。取得积分入户资格的流动人员，需携带积分入户通知书及其他相关资料，3年内到房产所在镇区公安分局申请办理入户手续，其配偶、父母（不含岳父母及公婆）、未成年子女（含收养）可按相关规定一并随迁。其中，在3年的有效期内，对积分达到入户条件并取得入户指标，但暂未办理入户手续的流动人员，可凭有效的《广东省居住证》和积分入户通知书在居住地享受相应的公共服务和待遇。同时，在此期间出现违反计划生育政策行为、犯罪行为的，按规定取消其入户资格和享受待遇资格。

3. 积分申请公租房

中山市政府根据各镇区政府公租房建设、使用情况和外来常住人口规模，每年安排一定数量属政府所有的公租房给积分达到30分以上的流动人员租用。公租房指标数一般在每年3月底前向社会公布。中山市住房保障管理部门会在每年年初拟定当年流动人员租赁属政府所有的公租房指标数，后经积分服务管理联席会议审议后报市政府批准。

中山市规定，积分累计达到30分的流动人员，提出申请的上月在中山市缴纳了社会保险费，其本人及家庭成员在中山市无任何形式的住宅建设用地及自有住房，或者虽有自有住房但住房面积低于本市规定的住房保障面积标准，并符合政府规定的其他条件的，可申请承租属政府所有的（或可由政府支配的）公租房。但是，违反计划生育政策生育（含收养）子女的流动人员，夫妻任何一方未接受处置的（含虽已离婚，但前配偶未接受处置完毕的），不能申请承租属政府所有的公租房。

积分申请公租房的流程主要包括：①申请人自愿提出公租房申请；②材料的审核和积分排位。市住房保障管理部门将审核、排名结果在中山市流动人口信息网、中山市住房保障网及流动人员常住地进行不少于20个工作日的公示。经公示无异议或经核实异议不成立的，市住房保障管理部门根据可供流动人员租赁的属政府所有的公租房指标数和积分排名情况，批准流动人员取得住房保障资格并予以公布。最后，由市住房保障管理部门向申请人发出安置通知。

（四）积分制管理流程

中山市流动人口积分制管理总体上形成了一个以镇区流动人口和出租屋管理服务中心为工作主体、相关职能部门共同参与、社会各界共同监督的工作模式。积分制的整体管理主要包括四个流程。①自愿申请。流动人员可根据自己的意愿，申请纳入中山市积分制管理。②材料的受理与审核。流动人员提出申请后，由镇区流动人口和出租屋管理服务中心统一受理、审核、计分。对于申请材料中有疑问的部分，由各镇区相关部门、机构负责对该部分的资料进行核实。③积分排名与核查。主要由市流动人口管理办公室统一对申请人的积分情况进行统计与排名。公示后存在疑问的地方，相关职能部门进行核查。④监督与投诉。申请人可登录市流动人口管理办公室的网站实时查询本人或他人的基本得分情况，进行监督；市流动人口管理办公室受理流动人员积分制管理相关投诉，市各相关职能部门协助开展投诉审查。

根据积分排名，获得子女入读公办学校资格的流动人员，市流动人口管理办公室将名单移交市教育局，并向其个人发出积分入学通知书，市教育部门统筹安排入学。已通过积分入学的学生，根据自身的意愿办理医疗保险参保手续。获得入户资格的流动人员，市流动人口管理办公室将名单移交市公安局，并向其个人发出积分入户通知书，由个人向公安机关提出入户申请，公安机关按规定办理入户手续。获得住房保障资格的流动人员，市流动人口管理办公室将名单移交市住保部门，市住保部门安排其入住公租房。

（五）不断完善的管理模式：积分制的演变过程

2007年开始，中山市借鉴国外移民经验，先后在小榄镇、东升镇、火炬开发区等镇区开展积分入读公办学校试点，确立了积分制破解公共服务均等化难题和推行户籍改革的工作思路。2008年12月，《珠江三角洲地区改革发展规划纲要（2008—2020年）》提出"探索和完善流动人口积分制管理办法，引导流动人口融入所在城市"，对中山市的积分制探索予以制度认可。至此，中山市在全国率先以"积分制"为突破口进行梯度式、渐进式户籍改革和基本公共服务均等化。2009年7月30日，《广东省流动人口服务管理条例》出台，提出"流动人员子女入学、入户具体办法由居住地地级以上市人民政府制定，常住户口的入户实行年度总量控制、按照条件受理、人才优先、依次轮候办理"，以法规的形式确定了流动人员积分制管理模式。2010年度，中山市共有6457名流动人员进入积分制入户入学名单，其中包括4318名积分制入学人员和2139名积分制入户人员。

中山市积分制管理模式大致经历了试行期（2007—2009年）、推广期（2009—2010年）、调整期（2010—2012年）、深化期（2012—2013年）、成熟期（2013年至今）五个阶段。通过积分政策的宣传、积分政策的修订、工作机制的完善、工作流程的优化以及参与平台的搭建等多方面的努力，中山市不断改进和创新积分制的实施，在流动人口管理方面取得丰硕成果。

1. 信息沟通，宣传积分政策

为了让流动人员更好地理解积分制管理政策，中山市不断完善信息沟通渠道，加强积分政策的宣传。中山市流动人口办提出"三熟知"的工作方针，即"目前在中山就读、今年拟入读小学或初中一年级家长熟知积分制政策，每名前来办理居住登记的流动人员熟知积分制政策，厂企的人事工作人员熟知积分制政策"。通过多种方式在全市范围内对积分制管理的具体内容和流程进行宣传。一是在市镇两级电视台播放《规划人生路，参与积分制》公益广告片，在学校、市场、厂企等流动人员密集场所张贴积分宣传海报；二是专门编制《中山市流动人员申请积分制管理须知》，向广大流动人员发放，对申请积分制管理的每一个具体步骤、计分标准和证明材料都进行了明细的阐述，实行"一次性政策告知"；三是在中山市流动人口信息网建立积分制工作专栏，对积分制相关政策进行更细致的解读，为广大流动人员释疑解惑。中山市坚持面上发动与重点突破相结合的方式，以厂企、学校、出租屋等为重点，充分运用短信、网络、电视、报纸等多渠道的宣传手段，全方位开展宣传发动工作，使这项新政策更快更好地被大众所接受和认可，从而保障了积分政策的有效实施。

2. 响应需求，修订积分政策

为了更好地满足民众需求，中山市不断调整积分体系。在积分制管理的调整期，中山市提高了长期稳定就业的、技能型流动人员得分值，同时打造公益参与平台，允许政策外的子女申请积分入学。一是拓宽积分入学受益面。允许每个在中山市工作一年以上的流动人员为其子女申请积分入学，取消计生和社保的限制；同时加强计生政策的导向性，对入学排名规则做了优化调整，先排政策内生育的子女，再排政策外生育的子女。二是拓宽积分入户覆盖面。允许用人单位派驻中山分支机构人员申请积分入户。三是拓宽职业证书积分范围，将本省外市颁发的职业证书的工种范围拓展到广东省日常职业技能鉴定工种。

在积分制管理的深化期，中山市将积分制向流动人员住房保障领域延伸。2013年度积分制管理按照"拓展积分广度深度"的要求进行了工作优化。一是将住房保障首次纳入积分管理，凡积分累计达到60分的流动人员，符合相应条件的，均可申请承租属政府所有的（或可由政府支配的）公租房排名。二是入户门槛降低，房产限制性要求放宽，允许在中山市有合法职业连续满3年、无房产的流动人员，也可申请积分入户排名。三是强化导向作用，对文化程度得分、职业资格或专业技术得分等内容进行了调整，使分值结构更为科学合理。四是对积分入户实施二次排名，即将已成功提出积分入户申请且首次积分入户排位未成功取得资格的流动人员，按照剩余的指标数在全市范围内进行排位。

在积分制管理的成熟期，中山市主要确定积分入户二次排位工作模式，降低住房保障准入线，赋予企业积分自主权，完善积分指标体系，由暂行文件确定为正式文件。2013年积分制工作结束后，按照《中共中山市委、中山市人民政府关于拓展异地务工人员享受公共服务广度和深度的意见》的要求，中山市对积分制政策进行修订完善，在新的积分制文件中正式取消了"暂行"表述，推动中山市积分制工作走入常态化、规范化的发展轨道。新修订的积分制度主要有以下调整：一是降低公租房准入门槛，将申请公租房的准入线由60分降低为30分；二是完善积分入户计生审核标准，将积分入户的准入条件由"处理完毕满5年"修订为"违法生育行为满5年，且处理完毕"，同时明确夫妻任何一方未接受处理完毕的，包括虽已离婚，但前配偶未接受处理完毕的情况；三是明确实施积分入户二次排位，先分镇区按申请人所得积分高低进行首次排名，随后将首次排位未成功取得入户资格的流动人员，按照剩余的指标数在全市范围内进行二次排位；四是赋予企业一定积分自主权，规定符合一定条件的大型骨干企业评定的岗位等级的申请者，可分别给予加分；五是自2014年1月1日起，中山市将义务教育阶段非本市户籍已积分入学学生纳入社会医疗保险参保范围，进一步丰富流动人员积分制管理的内涵。

2014年7月又启动了2015年度积分制管理文件的修订工作，重点听取流动人员、企业、镇区、相关职能部门意见，通过采取召开座谈会、网站征集意见、专家咨询论证等多项举措，从六个方面对积分政策进行完善优化：一是放宽积分受理对象，只要目前在中山市工作并累计满 1 年以上的流动人员均可参与，有序拓宽积分覆盖面；二是增加积分入学申请地，将配偶的产权房所在地也列为积分入学申请地，入学选择更为多样化；三是实行申请积分入户同步申报子女新生入学需求信息登记管理，使得学位管理更为精细化；四是实行积分入学排名规则与计生政策脱钩，取消积分入学二次排名，妥善处理积分入学与计生管理的关系；五是完善积分入户二次排位规则，明确各镇区二次排位入围人数不超过其当年入户指标数的 10%，适当限制二次排位入围人数；六是调整计分标准，将房产由 50 分提高至 100 分，并增加禁毒、网络文明志愿服务、安全生产、环卫工作等加分项目，丰富加分平台。

3. 保障运行，完善工作机制

2009 年，中山市在全市范围内开始实施积分入学入户，初步构建了积分制体系和工作机制。2010 年，为了确保积分制管理工作的有效展开，市流动人口管理系统开发了积分制信息系统管理模块，在全市 24 个镇区流动人口和出租屋管理服务中心设置了受理窗口，组建了一支 100 余人的专门受理队伍。

在积分制管理的调整期，中山市流动人口办与各有关职能部门建立工作协作机制，共同研究解决积分制实施过程中遇到的困难和问题。一是完善队伍保障机制。将积分制专职受理人员队伍扩大到 200 人，编印了《中山市流动人员积分制管理工作手册》，多次开展专门业务培训，确保受理人员业务精通。二是建立计生审核前置机制。流动人员申请积分入学、入户之前，先到居住地计生办办理计生情况审核，确认具有入学或入户资格，再准备积分相关材料到申请地流动人口和出租屋管理服务中心办理入学、入户申请，有效减少了流动人员入学、入户申请的盲目性。三是建立并完善信息管理工作机制。重新开发中山市流动人员积分制管理信息系统，采取一级建库的形式，流动人员积分申请获得受理审核后，积分情况在积分制管理信息系统公布，接受公开查询和监督管理。四是健全公示工作机制。建立公示责任制，将公示名单的确认、公示期的投诉处理、公示后的入围名单公布、入户通知书的制作下发都落实到个人。以"投诉电话谁接听谁落实，当天事情当天结"为总体工作要求，确保公示结束后，第二个工作日就实现了积分入学、入户入围名单公布，3个工作日就完成了积分入户通知书的发放工作。

在积分制管理的深化期，中山市进一步完善相应的工作机制。一是建立专业技术职称鉴证代收件工作机制。以前流动人员申请专业技术职称加分，必须自己跑人力资源和社会保障局专业技术管理科开鉴证证明。为方便广大流动人员，经部门协商，建立了统一由流动人口管理窗口代收相关资料，统一交由人社局专技科鉴证的工作机制。二是建立自助开具证明的工作机制。在积分加分项中，个人所得税的纳税证明和公积金缴交证明是广大流动人员比较常见的得分项，市地税局和公积金管理中心先后主动建设了自助打印证明平台，让广大流动人员在窗口或通过互联网就可以获取相关证明，方便广大流动人员。三是对办理积分的审核流程进行优化，更多地使用网络征信系统，提高审核效率。对积分制管理信息系统重新进行开发，提高业务的查询能力，将指标、入围名单公示、通告等实行网上发布，实现了全信息化管理和显示，进一步确保了积分制的公正、公平和透明。

中山市在积分制管理的成熟期，一是规范企业积分制联络员工作机制：①建立了一个企业积分制联络员花名册；②开展了一次登记在册的企业积分制联络员的集中培训，全面提升他们的业务水平；③建立了一个"中山积分服务"企业积分制联络员QQ服务群，实现政策宣传、问题建议的实时互动沟通。二是完善积分制后期工作流程。为保障流动人员子女顺利入学和办理医疗保险参保手续，在积分入学公示后，增加了积分入学通知书的发放环节。对成功取得积分入学资格的流动人员发放入学通知书，通知书上注明申请和排名情况、后期工作程序,并作为办理入学和参保手续的主要依据,提升工作成效。三是健全工作责任机制。实行收件与审核相互监督工作机制,对任一项积分申请,收件人与审核人必须由不同的专职协管员负责,要求每份材料都有受理人和审核人的签字,落实责任。

4. 提升服务,优化工作流程

在积分制管理的调整期,中山市主要改进了三项工作流程:一是简化审核流程。各镇区流动人口和出租屋管理服务中心按照"能简则简"的原则,实行"政策咨询、资料收集、登记审核"一站式受理服务,市流动人口办将涉及计生、学历、技能、社保等积分项目的审核程序进行简化,将审核权限下放镇区,提高审核效率。二是建立企业联络员工作机制。在员工达到一定数量的工商企业设立一名积分制工作联络员,由专职协管员实施"一对一"的服务,一方面开展点对点政策宣传,另一方面由联络员上门开展积分制申请资料代收件工作,大大降低流动人员办理积分制入学、入户申请时间成本。三是推行免费代办相关鉴证服务,主动实行错峰、周末上班制度,开辟市政府服务热线12345积分制在线实时咨询,并在受理高峰阶段实行节假日上班和弹性下班工作制度。

在积分制管理的成熟期,中山市进一步简化工作流程。一是借助互联网优势,尽量避免流动人员跑部门。市委组织部实现了参与"两新"组织①的社会服务情况证明材料的互联网打印,市人力资源和社会保障局实现了个人参保证明的互联网打印,基础教育的数据实现了市教育局和市流动人口办的共享,流动人员无须开具任何证明可直接享受加分。二是探索窗口前移工作机制。针对流动人员请假难的问题,部分镇区流动人口和出租屋管理服务中心主动联系

---

① "两新"组织指新社会组织和新经济组织。

申请人数多的厂企，采取窗口前置和服务前移的办法，由协管员上门进厂为群众提供收件、业务办理工作。中山市通过不断地优化积分制管理流程，提升服务质量，从而降低流动人员的申请成本，提高了流动人员参与积分制管理的积极性。

5. 创新治理，搭建参与平台

实施积分制管理，不仅强调积分制在分配公共服务资源方面的积极作用，更注重发挥积分制在提升社会管理综合成效方面的导向作用。因此，中山市积极搭建流动人口的参与平台。如2011年4月，市流动人口办、团市委和市交警支队联合组织成立"新马路天使"流动人员文明交通志愿者服务队，开展文明交通志愿服务，对流动人员参加文明交通志愿服务满25小时的可积3分，被活动主办单位表彰奖励的可积40分，引导广大流动人员共同参与社会管理。再如，市流动人口办联合市消防局开展了外来务工人员消防志愿服务行动，对流动人员参加消防志愿服务满25个小时可积3分，被消防局表彰奖励的行为突出的个人可积40分。

在积分制管理的成熟期，2014年度积分加分平台又新拓展三项：一是在"两新"组织中积极参与社会服务，根据情况可享受最高30分的加分；二是积极参与社区活动、社会教育培训、提升自我素养，获得政府认可证书的，每次积4分，最高可积20分；三是为提升流动人员子女在我市接受教育的连续性，提高其受教育质量，在我市正规学校有就读记录的，根据情况，在积分入学总积分中可享受最高6分的加分。在实施积分制后，流动人员为了享受公共服务或入户，由以前的被动接受政府管理转变为主动要求政府管理；同时，为了获得积分达到入学、入户等申请条件，更多的流动人员对照积分指标及分值，有针对性地提高自身整体素质（如学历、技能），为社会做出更多贡献（如投资纳税、志愿服务、慈善捐赠），避免违法犯罪行为。中山市积分制管理通过利益导向机制的引导，使流动人员的社会管理初步实现了以服务促管理，寓管理于服务。

二、积分制实施的效果

中山市通过实施流动人员积分制管理，将传统的对流动人员的管控变为提供服务，取得了很好的实施效果。该效果主要体现在三大方面：首先，实施积分制管理解决了流动人员、政府和社会三方面的问题，为解决流动人员管理难题提供了新思路与新方法；其次，实施积分制管理后，该政策的利益相关主体——公民、政府、社会均获得了直接或间接的利益；最后，实施积分制管理为改革户籍制度、创新公共资源分配方式和培育现代公民都有积极意义，促进了社会治理水平的提高。

（一）实施积分制管理解决的实际问题

在实施流动人口积分制管理之前，中山市的流动人员、政府和社会都面临着突出的问题。对于中山市的流动人员而言，户籍制度造成的城市二元结构使得其无法享受与当地城市居民均等的基本公共服务，由此引发了流动人员面临着户籍歧视、遭受不公待遇和无法融入当地社会的问题。流动人员最需要解决的实际问题，就是获得城市的户籍以及附着在户籍上的其他基本公共服务。对于中山市政府而言，其面临的最大问题是流动人员管理上的"真空"。一方面，由于现行许多管理权限都在户籍所在地政府手上，导致中山市政府对流动人员的管理没有抓手，找不到合适且有效的切入点；另一方面，对流动人员的管理，原来主要是依靠公安机关进行打击等负面惩戒的方式，使得流动人员与政府之间容易出现冲突，流动人员不配合政府管理的情况时有出现。政府最需要解决的实际问题，就是要探索一条有效的管理流动人员的新路子。对于中山市当地社会而言，其面临的最大问题是流动人员"进入"而无法真正"融入"当地社会。现代社会治理讲求"多元共治"，公民则是社会治理的重要主体。而占中山市常住人口一半数量的流动人员却很少参与当地社会的治理，在志愿服务等社会公益活动上参与度低，难以实现共治。社会最需要解决的问题，就是使流动人员真正融入当地社会，积极参与到社会治理中来。

1. 积分入户的新方法，很大程度上解决了流动人员的入户问题

积分入户是积分制管理的重要组成部分。自 2009 年中山市出台《中山市流动人员积分制管理暂行规定》以来，每年都有流动人员通过积分制的渠道获取中山市的户籍。2010 年 8 月 30 日成功获得中山市居民户口簿的谢红芬，则是中山市乃至全中国的"积分入户第一人"。

1997 年，谢红芬从南宁职业技术学院大专毕业后回到老家工作。2000 年，她辞掉原来的工作来到广州打工，成为一名农民工。2002 年她来到中山市工作。2004 年孩子出生后，一家三口居住在中山，但户口仍然在老家。加入中山市户籍、成为城市人口就成了她的一个强烈愿望。2004 年，中山市实行购房入户政策，但当时的谢红芬夫妇积蓄不多，户口的事情就此搁置。一直到 2007 年，谢红芬夫妇二人终于在中山市石岐区买了一套二手房，但中山市买房入户的政策却早已取消。随着孩子的长大，没有当地户口，给孩子

的教育造成了很大麻烦。由于不能入读公办学校,她只好将儿子送到了离家不远的民办学校。在这里,每个月要缴纳1000多元的学费,价格昂贵不说,更重要的是教学质量难以保证。2009年,中山市出台了《中山市流动人员积分制管理暂行规定》,这让谢红芬看到了积分入户以及孩子入学的希望,于是她决定试一试。从2009年年底,她便开始准备办理积分入户所需的材料。2010年5月底,中山市流动人口管理办公室就在网上公布了所有申请者的积分排名,谢红芬所在的石岐区共有98个名额,谢红芬虽然排名靠后,但依然位列其中。同年7月初,积分排名最终结果公布,谢红芬以122分超过了中山市石岐区117分的入户底线,取得了入户中山的资格。7月5日,谢红芬迫不及待地向中山市公安局提出了户口迁移申请。8月30日,谢红芬终于从中山市公安局工作人员手中接过户口簿,成为全国首个通过积分制入户中山市的农民工。① 表6-1反映了中山市流动人员积分入户的情况。

表6-1 中山市流动人员积分入户统计

时间 (年)	申请 人数 (人)	指标数 (个)	一次排位 成功入围 人数(人)	二次排位 成功入围 人数(人)	成功入围情况			成功 率 (%)
					总人 数 (人)	广东 省内 (人)	广东 省外 (人)	
2010	4684	3000	2139	/	2139	719	1420	45.67
2011	3960	3000	2486	/	2486	327	2159	62.78
2012	3310	3000	2540	/	2540	305	2235	76.74
2013	3770	3600	3126	474	3600	491	3109	95.49
2014	4013	4000	3200	800	4000	1480	2520	99.68
2015	4255	4400	3607	256	3863	/	/	90.79
合计	23992	21000	17098	1530	18628	/	/	77.64

资料来源:中山市流动人口管理办公室提供,2015年11月。

---

① 资料来源:新华网(http://news.xinhuanet.com/2010-12/07/c_12855047.htm)。

从表 6-1 中可以看出，自 2009 年积分入户实施以来，中山市申请积分入户的人数呈现先下降后上升的趋势，但在整体上保持平稳。而政府提供的入户指标在不断增加。从阶段上来看，2010—2012 年，由于政府提供的入户指标不变而申请人数较多，成功通过积分入户的比例相对较低，尤其是 2010 年的积分入户成功率最低，为 45.67%。2013 年及之后，政府不断增加入户指标，这一阶段虽然申请积分入户的人数在不断增加，但整体入户成功率稳定保持在高水平状态。尤其是 2014 年，积分入户的成功率达到了 99.68%。同时可以看出，在通过积分入户的人员中，省外人数大约是广东省内人数的 3 倍，这也体现了中山市外来人口的地域特点。从总体来看，中山市通过实施积分制，从 2010 年至 2015 年，合计有 18628 人申请积分入户，其中 77.64% 的申请者因符合条件而获得入户机会，这一比例远高于其他实行积分入户的城市，同时有效地打破了当前的户籍壁垒，切实解决了大量有入户需求的流动人员的入户问题。

2. 基本公共服务方式的创新，进一步满足了流动人员享受均等的基本公共服务的需要

户籍制度的核心在于其背后附着了大量的公共服务与利益。在传统机制下，流动人员要享受与城市居民均等的公共服务，就只能依靠取得当地户口这一种方法。而中山市积分制的一个创举，是跳出了依靠户籍提供基本公共服务的框架，不再将户口作为享受福利待遇的唯一标准。流动人员可以根据积分为子女申请就读公办学校和申请公租房，而不再需要加入中山市的户籍。这一举措的实质和核心在于精准且具有创造性地直接满足了流动人员的公共服务需要，打破了基本公共服务均等化的制度障碍，为流动人员享受均等的基本公共服务提供了新的可能。表 6-2 反映了中山市流动人员积分入学、积分入住公租房的情况。

表6-2 中山市流动人员积分入学、积分入住公租房统计

时间（年）	积分入学						积分入住公租房	
	申请人数（人）	指标数（个）	政策内成功入围人数（人）	政策外成功入围人数（人）	成功入围总人数（人）	成功率（%）	申请人数（人）	成功申请人数（人）
2010	6070	6000	4318	/	4318	71.1	/	/
2011	6888	6000	4892	/	4892	71.0	/	/
2012	12588	8000	6086	1513	7599	60.4	/	/
2013	15188	8800	7312	1409	8721	57.4	111	78
2014	19047	13200	9606	2645	12251	64.3	170	148
2015	24054	16370	/	/	15067	62.6	176	167
合计	83835	58370	/	/	52848	63.0	457	393

资料来源：中山市流动人口管理办公室提供，2015年11月。

从表6-2可以看出，从2009年积分制实施以来，中山市申请积分入学的人数呈现出逐年增加的趋势，且申请人数超过了申请积分入户的人数。同时，申请积分入学的人数在2012年出现了大幅度的增加。究其原因，是中山市在2012年为切实解决流动人员子女的教育问题，为一些不符合计划生育要求的流动人员提供了申请的机会。从2010年至2015年，积分入学指标不断增加，并从2014年起大幅增加。就总体成功率而言，2010年和2011年最高，因为这两年政策外人员无法申请积分入学，流动人员申请积分入学的竞争压力相对较小。2012年和2013年，由于一些不符合计划生育要求的流动人员也具有了申请积分入学的机会，导致申请人数大幅增加；而这一时间段内积分入学指标增加缓慢，因而导致成功率较大幅度地下降。自2014年政府大幅增加入学指标后，积分入学的成功率有所提高，并最终保持在63%的平均水平，同时解决了总计52848名流动人员子女入读公办学校的问题。无论是从比例还是从人数上说，中山市的积分入学制度都满足了大量流动人员子女入读

公办学校的切实需求，很大程度上解决了他们"入学难"的现实问题。

中山市的积分申请入住公租房政策从 2013 年开始实施，到 2015 年总共实现了 393 人的入住公租房愿望。相较其他城市而言，中山市申请公租房的人数少很多。其主要原因是中山市当前的房价较低，流动人员的租房成本不高，故其申请公租房的意愿不是十分强烈。

3. 变流动人员被动接受管理为主动参与管理，扭转了政府对流动人员的管理无抓手的局面

对许多地方政府而言，流动人口管理都是一个非常棘手的问题，中山市亦不例外。一方面，由于流动人员的户籍不在中山市，而当前公民的许多信息都是与户籍挂钩的，所以中山市政府便无法了解流动人员的详细情况，对其的管理处于"无抓手"的境地。而原有的依靠暂住证管理流动人员的制度存在难以准确登记、难以切实执行、不便民等问题，难以对流动人员实施有效的管理。另一方面，由于原有的对流动人员的管理集中在管控而不是提供服务上，导致流动人员对政府的管理容易产生抵触情绪。例如，政府每年都会动员流动人员进行信息登记以及参与防疫工作，但他们的参与程度都不高。而通过实施积分制，流动人员为了获得更高的积分和享受更好的公共服务，会积极主动地完成积分项目。例如，在积分制中，主动登记个人信息的流动人员能够取得积分奖励，大大提高了流动人员登记个人信息的积极性。从过去工作人员上门登记转变为流动人员主动前往管理机关登记，大大提高了政府的行政效率。总体而言，实施积分制使得中山市政府探索了一条寓管理于服务的流动人员管理的新路子，变流动人员被动接受管理为主动参与管理，解决了流动人员管理存在的"真空"问题。

4. 激发了流动人员参与社会治理的积极性，促进了社会融合

在很大程度上，流动人员只是"进入"而非"融入"当地社会，这一问题对于那些即使获得了所在地户籍的流动人员而言仍然存在。流动人员无法融入当地社会，一方面，使得其对社会建设、社会治理的参与度不高，从而对实现多元主体共同治理社会的目标造成不利影响；另一方面，流动人员与当地居民间的隔阂容易引发社会矛盾，不利于社会和谐。而积分制以利益激励的方式，通过将服务社会等相关项目纳入获取积分的范畴中，引导流动人员努力提升自身素质，积极参与社会治理与社会建设，主动融入城市，与当地居民和其他社会力量一道，共同组成了社会治理共同体。目前，中山市通过积分奖励方式，发展流动人员交通、消防、文化等领域的志愿者达3万多人，形成了多元主体参与社会治理的格局，从而促进了社会善治。

（二）实施积分制管理后各主体的受益情况

衡量一项公共政策的实施效果，一个重要的方法就是测量与之相关的各利益主体的受益情况。中山市实施的流动人员积分制管理主要涉及三类利益主体，即包括流动人员及当地城市居民在内的公民、当地政府和社会。

1. 公民

实施积分制对于流动人员而言，最大的收益是其通过自身的努力和贡献获得了入户、子女入读公办学校以及申请公租房的机会，享受到与当地城市居民均等的基本公共服务。根据中山市流动人口管理办公室的统计，2010—2015年度，中山市共给予18628名流动人员积分入户资格。由于积分入户资格保留3年，预计全市可通过积分制解决5万余名流动人员的入户问题（参照市公安局统计数据，1名获得入户资格的流动人员，可带来2.81人随迁、投靠入户）；给予52848名流动人员子女积分入读公办中小学一年级待遇（未含凭2013年、2014年和2015年度积分入户通知书入学的人数）；给予393名流动人员入住公租房待遇（2013年度新增）。

对本地城市居民而言，其收益在于积分制的实施使流动人员更加努力提升自身素质，积极参与社会治理与社会建设，主动融入城市，从而使得当地城市居民与流动人员的相处更加融洽，社会更加和谐。调查显示，超过80%的户籍人口对积分制持包容态度，对流动人员持包容态度的人数比例也不断上升。①

2. 政府

对政府而言，实施积分制的收益在于为城市发展留住了大量的适用人才，提供了丰富的人力资源。据统计，从2010年至2015年，在中山市取得入户资格的18628人中，8860人具有大专以上学历，占总人数的47.56%；6417人拥有技术职称和职业技术资格，占总人数的34.45%；10793人年龄在16周岁以上35周岁以下，占57.94%。② 这些年龄段的入户人员正处于人生和事业的黄金时期，将为延缓中山市人口老龄化进程，对提高中山市人口总体素质起到积极的作用；同时，也为中山市经济社会发展提供丰富的人力资源。

3. 社会

积分制的实施使大量流动人员逐步融入当地社会，积极主动投

---

① 参见中山市流动人口管理办公室《中山市流动人员积分制管理情况介绍》，2014年。
② 参见中山市流动人口管理办公室《中山市流动人员积分制管理情况介绍》，2014年。

身于社会治理及社会建设中,净化了社会环境,提升了社会文明和谐度。据统计,积分制实施后,2009年出租屋治安案件发案率下降了27.36%,2010年出租屋刑事案件和治安案件的发案率分别下降了9.94%和6.87%。① 同时,流动人员的文明素养得到明显提升,2010年,中山市顺利通过"全国文明城市"复评验收。

(三) 实施积分制管理对于提高社会治理水平的意义

社会治理强调,在社会领域中的公民、社会以及公共部门等多元主体通过互动协调,共同对与其利益相关的事务进行治理,从而满足各方利益,实现社会的和谐稳定。社会治理的一个特点在于多元主体的共同参与,而提升社会治理的水平,需要提高政府的管理能力,提高公民的素质,培育现代公民。在这个意义上,实施积分制管理对于中山市改革户籍管理制度以及创新分配公共资源的方法有积极意义,同时也促进了中山市现代公民的培育,推动了中山市社会治理水平的提高。

1. 为户籍制度改革提供了新思路

基于现行户籍管理制度的弊端,近年来我国正在积极探索户籍制度改革的道路。2014年,国务院印发的《关于进一步推进户籍制度改革的意见》指出,到2020年,基本建立与全面建成小康社会相适应,有效支撑社会管理和公共服务,依法保障公民权利,以人为本、科学高效、规范有序的新型户籍制度,努力实现1亿左右农业转移人口和其他常住人口在城镇落户。可见,保障公民福利、实现公共服务均等化是户籍改革的重点。而中山市的积分制对户籍

---

① 参见中山市流动人口管理办公室《中山市流动人员积分制管理项目描述》,2013年。

制度改革提供的新思路，是打破以户籍为享受公共服务的唯一标准，将依附于户籍制度的公共服务与户籍适当剥离，在不改变户籍的基础上实现基本公共服务的均等化供给，既缓解了缓慢的户籍改革与公民迫切的公共服务需要之间的矛盾，又有利于实现户籍制度中管理职能与服务职能之间的分离，从而更好地发挥户籍制度的作用。

2. 创新了分配公共资源的方法

长期以来，公共资源的分配是困扰政府及其他公共部门的一个难题，不合理的分配往往导致公民的抵制和反对，影响社会和谐。以教育资源为例，当前中国许多城市都面临着教育资源紧张的问题，而在教育资源的分配上，政府一般采取根据住房所在地划分学区抽签摇号入学的方式。对于流动人员和居住地不在学区内的居民而言，这种方式实际上是对他们提出了需要买房才能解决子女入学问题的要求，这在实质上是以财富为标准来对公共资源进行分配。此外，还有一些人运用"找关系"等潜规则来获得公共资源，实际上是一种利益寻租行为。这样的公共资源分配方式违背了公平正义的原则，无法实现公共资源的优化配置。而积分制通过一种公平公正公开的方式，能够根据公民自身的努力和对城市的贡献来为其分配公共资源。以积分入学为例，流动人员即可通过自身努力获得更高积分，通过公平竞争享受优质的公办教育资源。因此，中山市的积分制管理创新了分配公共资源的方法，为公平公正公开分配公共资源提供了良好的借鉴。

3. 对培育现代公民具有重要意义

当前，人们对现代公民的定义不一，但普遍认为现代公民应具有以下特点：理性的思维、独立判断力、开放的视野、平和的心态和社会责任心。中山市在积分制中专门设立了"社会贡献积分"的内容，其中包括参加志愿者等服务、参加安全生产义务宣传工作、个人捐赠、无偿献血以及从事环卫工作等。通过这样的积极引导，流动人员开始积极主动地参与社会管理以及志愿服务，而且这种参与往往在其获得了入户、入学资格后还能一直持续。这对于培养有社会责任感、有爱心的公民十分有益，对于培育现代公民具有重要意义。

三、进一步完善积分制的思路

中山市的积分制作为一项具有开创意义的制度创新，处在不断摸索的过程当中且无先例可循，因此难免存在一些有待完善的问题。例如，积分制提供的公共服务与流动人员的需求之间存在缺口，积分指标有待继续改进创新，积分制管理的信息化程度不足。基于此，中山市要始终坚持以群众需求为导向，不断对积分制进行创新。同时，从更高的国家层面而言，积分制只是现行二元户籍制度下实现基本公共服务均等化的权宜之计。从顶层设计的角度来看，彻底打破二元的户籍制度，建立现代、科学、符合中国现实的人口管理方式，才是真正实现公共服务均等化的根本之策。

（一）继续推进基本公共服务均等化

2010—2015年中山市流动人员申请积分入户总的成功率约为75%（见表6-1），意味着仍然有5300多人未能取得积分入户的资格。而这一缺口在积分入学方面更大（见表6-2），2010—2015年申请积分入学与最后实际成功申请人数的缺口为31000多人。如此大的基本公共服务缺口，说明实施积分制管理只是做到了"分好蛋糕"，但中山市还面临着"蛋糕"不够分的问题。因此，在积极实施积分制、合理引导公共资源分配的同时，还要从源头上增加服务供给，以满足流动人员的基本公共服务需求。只有在坚持完善积分制的同时，通过市场、社会等多方力量加强公共服务供给，继续推进基本公共服务均等化，才能更好地解决流动人员的基本公共服务得不到满足的现实问题。

（二）结合经济社会发展实际，不断改进积分指标

政策创新对于应对不断变化的政策环境，保持公共政策的效能有着重要影响。对于中山市的积分制而言，应当随着经济社会的发展而进行调整，重点对积分指标进行不断改进。例如，中山市在2009年出台的《中山市流动人员积分制管理暂行规定》中曾将个人信用情况纳入积分项目当中。但限于当时的技术条件以及社会诚信体系不健全的情况，个人诚信状况被排除在积分指标外。但随着经济社会的发展，社会对个人的诚信状况提出了更高的要求；同时，当前的社会信用体系已取得了一定的成效，了解个人的征信状况在技术上已逐渐成熟。在这种情况下，中山市积分制的指标中仍然缺少对个人信用情况的考察，为此，需要考虑在积分指标中加入这一项内容。

此外，还应当对积分制的公平性做进一步的考量，实现效率与公平之间的平衡。如广东省社会科学院人口与社会学研究所研究员郑梓桢指出，不少受访者提出入学与入户在计分项目上应有所区别。就积分入学而言，可考虑不把父母的学历水平、技能水平、投资纳税等项目纳入计分项目，从而保证孩子享受义务教育服务的起

点公平。而在积分入户方面，本着优化人才结构、吸引高素质人才的原则，根据城市承受力适当增加计分项目。① 综上所述，中山市需要进一步结合当地以及全国的经济社会发展实际，对积分指标进行改进，推动积分制不断创新。

（三）提升积分制的信息化水平

信息化管理是当今政府改革的趋势，有助于提高政府的行政效能。当前，中山市在实施积分制管理的过程中面临着信息化管理水平不高的问题，需要通过完善信息沟通、运用互联网技术等手段，切实提高信息化管理水平。例如，中山市在积分制申请流程的改革、简化上虽然已取得了很大成效，但流动人员的申请过程仍然需要耗费较大的时间精力。主要原因是申请者需要去多个部门开具相关证件，费时费力。为此，可以探索积分制互联网管理技术，建立积分申请网上办理平台，实现网上申请、网上提交材料以及网上审核的统一，以节约申请者的时间，提高积分制申请及审核的效率，同时可运用互联网技术加强不同部门之间的信息共享，从而提高积分制申请及管理的效率。

（四）打破二元户籍制度，建立现代、科学、符合中国现实的人口管理方式

实施流动人员积分制管理，实际上是解决当前二元户籍制度带来的基本公共服务不均问题的权宜之计。积分制只能在当前的二元户籍制度框架内调和基本公共服务分布不均的问题，却无法跳出二

---

① 参见郑梓桢、宋健《户籍改革新政与务实的城市化新路——以中山市流动人口积分制管理为例》，《人口研究》2012年第1期。

元户籍制度的限制。从国家战略层面进行考量，要真正实现基本公共服务均等化这一目标，需要从根本上打破二元户籍制度，建立现代、科学、符合中国现实的人口管理方式，以消除实现基本公共服务均等化的制度障碍。

附录1 中共广州市委广州市人民政府《关于学习借鉴香港先进经验推进社会管理改革先行先试的意见》（穗字〔2009〕13号）

为贯彻落实《珠江三角洲地区改革发展规划纲要（2008—2020年)》和省委、省政府的要求，学习借鉴香港社会管理先进经验，推进广州社会管理改革创新先行先试工作，现提出以下实施意见。

一、充分认识学习借鉴香港先进经验，推进广州社会管理改革创新先行先试的必要性和重要性

（一）香港社会管理方面的经验值得借鉴。香港是中西方文化融合的亚洲国际都会。香港政府秉承法治、资讯自由、廉洁政府和营造公平竞争环境等施政理念，高度重视社会管理工作，提倡发挥传统家庭核心价值作用，落实社群互助互爱的施政方针，在"小政府大社会"的运作模式下，形成一套比较完善的社会管理制度。政府注重自身服务职能建设，不断加大教育、卫生和社会福利等方面的投入，公共财政开支随经济增长逐年增加。注重培育发展社会组织并积极发挥其在社会管理中的作用，政府80%以上的社会服务以向非政府机构购买的方式提供，形成了政府与社会组织共同管理社会事务的格局。注重社会管理的专业化，建立了包括专业教育、专

业人士、专业机构、专门政策等在内的社会管理服务体系。注重加强社区建设，完善基层服务和管理网络，市民热心公益事业，积极参与社区事务，义工活动比较普及，实现了政府管理和基层自治管理的良性互动。

（二）广州社会管理面临着新的形势。改革开放以来，随着经济社会的快速发展，广州社会管理逐步加强，社会事业投入逐年增加，社会保障制度初步建立，社区建设全面推进，社会公共服务不断完善。但是，经济社会发展还不够协调，社会管理的基础比较薄弱，运行的体制机制不够健全，社会组织和居民群众自治的作用还没有得到充分发挥，在保障人民群众基本生活，以及医疗卫生、社会福利、社会救助、社区服务等方面还存在不少突出问题，还不能完全满足人民群众日益增长的多元化社会服务需求，与香港相比，还存在较大差距。

（三）学习借鉴香港先进经验，推进广州社会管理改革创新先行先试具有重要意义。改革创新社会管理，有利于贯彻落实科学发展观，促进社会公平，维护市民基本权益，使人民群众共享发展成果；有利于加快政府职能转变，提升政府公共服务的供给能力；有利于发展社会主义民主政治，健全居民群众自治机制，增强社会自治功能，实现政府管理与群众自治的良性互动；有利于维护社会和谐稳定，促进"首善之区"的建设。各级党委、政府必须从坚持"立党为公、执政为民"的宗旨出发，从构建和谐社会、建设"首善之区"的战略高度出发，提高对学习借鉴香港先进经验，推进社会管理改革创新先行先试的思想认识，增强责任感和紧迫感。要抓住《珠江三角洲地区改革发展规划纲要（2008—2020年）》赋予先行先试政策的机遇，积极探索，大胆改革，不断完善公共治理结构，力争取得实实在在的成效。

附录1 中共广州市委广州市人民政府《关于学习借鉴香港先进经验推进社会管理改革先行先试的意见》

二、学习借鉴香港先进经验，推进社会管理改革创新先行先试的指导思想、基本原则和总体目标

（四）指导思想。坚持以邓小平理论和"三个代表"重要思想为指导，深入贯彻落实科学发展观，按照省委汪洋书记"有选择的先行先试"的指示精神，紧密结合国情、省情、市情，因地制宜，认真学习借鉴香港先进经验，重点在增强政府社会管理和公共服务职能、增强社区服务和管理网络、增强社会组织服务社会功能等领域先行先试，力求在社会福利、社会救助、医疗卫生、社区建设、社区矫正、养老服务、残疾人服务、政府购买服务、发展社会组织、加强社工和志愿者队伍建设等方面取得突破，促进社会事业蓬勃发展，保障市民享有各种基本权益，维护社会和谐稳定，为建设"首善之区"打下坚实基础。

（五）基本原则。推进社会管理体制机制改革创新先行先试，必须坚持解放思想，实事求是；必须坚持大胆创新，重点突破；必须坚持以人为本，注重实效；必须坚持完善制度，依法依规；必须坚持分类指导，分步实施。

（六）总体目标。2009年组织试点，2010年总结经验、逐步推广，争取到2012年基本形成党委领导、政府负责、社会协同、公众参与的具有广州特色的社会管理体制机制，整体提高社会管理水平。

——牢固树立以人为本的社会管理理念。各级党委、政府对社会管理的认识不断深化，公共财政的投入不断增大，社会管理工作力度不断增强。

——政府社会管理和公共服务职能进一步完善，服务型政府建设取得明显成效。政府和社会组织在社会管理中的分工明晰，共同管理社会事务的工作机制基本形成。社会组织发育完善，提供服

务、反映诉求、规范行为的作用充分发挥。

——社区自治功能逐步完善。城乡基层自治组织进一步健全，社区管理体制进一步理顺，社区基础设施配套完善，社区服务明显加强，公众参与意识不断增强，民意表达渠道畅通，社会和谐稳定。

——社会保障水平不断提高。社会救助体系基本形成，社会福利服务明显改善，养老和医疗保险制度不断健全，基本实现城乡统筹和全民覆盖。低收入家庭以及孤寡老人、孤儿、残疾人等困难群体的基本生活得到有效保障。

三、加快转变政府职能，推进政府购买服务

（七）加强政府社会管理和公共服务职能。加快推进政企分开、政资分开、政事分开、政府与市场中介组织分开，着力转变政府职能，理顺关系，优化结构，强化社会管理和公共服务职能。政府向市民提供有效的社会保障和社会福利，把一些事务性、辅助性的工作交由社会组织承担。改进政府社会管理服务方式，加快推进事业单位分类改革，积极改进政府对社会公益事业的投入模式，逐步打破所有制、部门、行业界限，形成社会公益事业举办主体多元化的格局。

（八）大力培育和发展社会组织。重点扶持发展非营利性社会服务机构，扩大规模，完善功能，使之成为政府购买服务的有效载体。制定《广州市行业协会管理办法》，深化行业协会（商会）改革，建立政府与社会组织的沟通、协调机制，畅通信息交流渠道。推进《广州市社区社会组织管理试行办法》的实施，优化社会组织登记管理方式，简化登记程序，落实扶持措施，为社区社会组织的发展创造宽松的环境。推进社会组织与政府脱钩，加强社会组织诚信和自律建设，规范从业行为，承担社会责任。

附录1 中共广州市委广州市人民政府《关于学习借鉴香港先进经验推进社会管理改革先行先试的意见》

（九）开展政府购买服务项目试点。选择家庭及儿童、老年、青少年、残疾人服务、社区发展、社区矫正、劳动关系协调、就业培训等八大类社会服务项目进行政府购买服务试点。采取适应我市社会管理事业发展的方式，向非营利性社会组织购买服务。通过购买服务，逐步降低政府的行政成本，提高社会公共服务质量和水平。

（十）建立健全政府购买服务的制度。由市有关职能部门按照管理科学、规范的要求，兼顾财政承受能力，制定《广州市政府购买服务经费管理办法》和《广州市政府购买服务规划》，各级财政按照规划统筹安排政府购买服务资金，购买服务资金列入部门预算，实行国库统一支付，推进购买服务项目的实施。制定《广州市政府购买服务协议标准》，明确服务的宗旨和具体目标要求。有关职能部门要组织制定《服务质量标准和工作规范》，以保障购买服务项目的实施效果。市有关职能部门及有关群团单位按照管理精细化、规范化、科学化的要求，制定购买服务的实施细则。引入市场竞争机制，实现政府购买服务项目的招投标管理，确保政府购买服务有章可循、有序运行。

（十一）加强政府购买服务的监察评估。建立事前、事中、事后以及服务供需方、购买方相互制约的监控机制，形成内部监督、财政监督、审计监督以及社会监督相结合的监督体系。建立准入和退出机制，市有关职能部门及有关群团单位要加强对购买服务机构和项目的日常监督和年度评估，严格服务标准，严格资金监管，规范工作程序，提高资金效益，确保服务质量。

四、积极探索建立新型社区管理服务体制，实现政府行政管理和社区自治管理的良性互动

（十二）创新街道社区管理服务模式。推动社会管理重心下

移,按照管理、服务、执法"三位一体"的思路,改革完善街道社区社会管理体制。规范管理街道现有事业单位、执法机构人员和聘用人员,积极推进在街道组建社区综合管理中心、社区服务中心和综合执法队伍,形成各有侧重、互为补充、互相促进的综合管理服务格局,切实提高社区社会管理和公共服务水平。

(十三)完善社区自治体制。逐步推行居民委员会直选,完善社区居民代表会议制度、社区议事协商制度,以及居委会定期向居民代表大会报告工作制度,实行居务公开和社区事务听证,调动居民参与、管理、监督社区事务的积极性。逐步减少居民委员会协管、协办的行政性事务,充分发挥居民委员会的自治组织功能。优化居委会专职人员配备,每个社区居委会按社区规模大小保留2~4名专职人员负责党务和居务工作以及社区日常事务,其余人员调整充实到社区综合管理中心和社区服务中心或政府资助的非营利性社会组织。

(十四)加强社区服务设施建设。市、区两级政府加大对社区服务设施建设投入力度,大力推进"五个一"工程建设。到2010年,使每个街道都有一个服务中心(包括政务服务和投诉服务)、一个小公园、一个群众娱乐场所、一个卫生服务机构和一个治安视频监控中心,改善社区服务条件。

(十五)发展多元化的社区服务。加强和完善社区就业、社区保障、社区救助、社区卫生、社区康复、社区文化、社区教育、社区安全等各项公共服务;积极开展面向社区内孤老残幼、优抚救济、社区矫正等对象的帮扶志愿服务和邻里互助服务;鼓励社区内公益性文化、教育、体育等社区组织(团体),利用社区设施开展自助服务;引导开展社区便民利民的商业服务。形成政府提供公共服务、社区提供自助互助服务、社会提供商业服务的新格局,不断满足居民对社区服务的需求。

五、健全社会救助体系,切实保障城乡居民基本生活

(十六)建立综合社会救助制度。完善现有各项社会救助政策,建立面向城乡居民、低保救助和低收入救助两个层次相衔接,以基本生活救助(或保障)为核心,以医疗、康复、住房、教育、司法等专项救助和应急救助制度为辅助,以社会互助为补充的综合社会救助制度,逐步扩大社会救助的覆盖面,提高社会救助水平。

(十七)实施困难群众医疗救助制度。出台广州市困难群众医疗救助办法,由市、区(县级市)财政出资,并通过慈善募捐筹集救助资金,重点对患重大疾病的城乡低保和低收入家庭人员及自付医疗费用有困难且影响基本生活的人员实施救助,以缓解困难。

(十八)建立社会救助标准调整机制。社会救助标准应随着经济发展情况和财力增长逐步提高。定期对低保、低收入困难家庭认定标准及其他专项社会救助标准进行评估,及时调整标准,确保社会救助标准与经济发展水平、物价水平、人民生活水平相适应,有效保障困难群众基本生活。市财政对增城、从化贫困地区低保金及其他专项社会救助金给予一定资助。

(十九)建立新型社会救助运行机制。健全政府负责、民政统筹、部门联动的社会救助领导体制。建立健全街道、镇社会救助综合服务网络,统筹管理辖区内社会救助工作,实行"一口上下"统一管理。建设广州市社会救助信息网络管理系统,实现市、区(县级市)、街(镇)三级社会救助管理纵向联网和有关部门、机构横向联网,促进社会救助信息化管理。

(二十)鼓励社会组织建立面向救助服务的非营利性社会服务机构。负责对救助申请人家庭情况进行调查、评估和核实等事务性工作,以及其他政府购买服务的有关工作,逐步推动社会救助队伍专业化、职业化。

六、创新完善劳动和社会保障制度，提高保障服务水平

（二十一）完善公共培训就业服务体系。推进公益性公共就业服务体系的整合完善，强化公共就业服务机构的主体地位。鼓励民办机构参与公共就业服务。围绕本市产业调整升级需要，加大公共财政对职业技术教育和职业培训的投入，完善公共实训基地建设和高技能人才培养体系建设，做好技能人才储备，满足本市产业发展对技能人才的需求。

（二十二）改革协调劳动关系的社会管理体制。深化政府干预协调劳动关系体制改革，建立立足于社区的协调劳动关系社会协助管理体制。完善街镇劳动行政部门主导的劳动关系协调组织，加强劳动保障监察执法力量，积极推进社区劳动保障监察网格化和网络化体系建设。推进劳动关系自主协调体制改革，建立健全劳动关系行业性、区域性集体协商制度，加强企业工会组建力度，推进行业协会（商会）开展协调劳动关系自律管理。健全完善劳动争议处理机制，建立健全市、区和部分街、镇劳动争议仲裁机构，推进劳动仲裁员职业化、专业化建设；同时，构建多层次、多渠道的社区劳动争议调解网络，促进企业调解、人民调解、行政调解和仲裁调解的有力衔接，及时就地调处劳动争议，维护劳动关系的和谐和社会稳定。

（二十三）完善覆盖城乡全体居民的社会保障网。按照"广覆盖、保基本、多层次、可持续"的原则，进一步完善覆盖城乡社会保障制度，努力使我市全体城乡居民享有社会保障。积极推动多层次养老保险体系建设，探索建立地方养老保险制度，不断提高养老保险保障水平。制定对弱势群体的社会保险补贴政策，扩大养老保险覆盖面。着力推进被征地农民和新型农村社会养老保险，促进城

乡社会保障制度协调发展。着力完善社会保障运行机制，强化公共财政功能，加大财政对社会保障的投入，确保社会保障制度长期稳定运行。进一步扩大失业保险基金的使用范围，充分发挥失业保险基金在防止失业和促进就业方面的作用，并促进企业年金工作的开展。进一步扩大医疗保险覆盖面，建立多层次医疗保险政策体系，探索建立城乡一体化的居民医疗保险管理体系，逐步实现人人享有基本医疗保障的目标。

（二十四）完善社会保险经办服务。努力提高执行力，加快经办服务信息化建设，充实经办队伍力量，以强大的经办服务平台支撑社会保障事业的跨越式发展。进一步理顺管理体制，优化资源配置，选择部分街、镇、社区、村开展社会保险直接办理的试点工作。在健全完善医疗保险二级经办机构建设的基础上，探索开展医疗保险经办服务与社区卫生服务机构和区街劳动保障平台的衔接试点工作，探索建立社会保险"两级经办机构，三级服务网络"的经办服务体系。

七、改革医疗卫生服务体系，发展公益性卫生服务

（二十五）组建医院管理机构。从有利于强化公立医院公益性和政府有效监管出发，探索政事分开、管办分开的有效形式。组建医院管理机构，负责对市举办的全部公立医院实行统一管理。卫生行政部门主要承担卫生发展规划、资格准入、规范标准、服务监管等行业管理职能，其他有关部门按照各自职能进行管理和提供服务。医院管理机构接受市卫生行政主管部门的监督管理，落实公立医院独立法人地位。

（二十六）完善社区卫生服务运行方式。继续采取政府购买服务方式，核拨社区公共卫生补助。建立并逐步完善政府对社区基本医疗的补偿机制，增强其公益性。

（二十七）逐步推行社区卫生服务机构首诊制度。优先将符合条件的社区卫生服务机构纳入社会医疗保险定点医疗机构范围。制定参保人员到社区卫生服务机构门诊就医优惠政策，降低到社区就医的参保人个人自付医疗费用比例，提供价廉质优的基本医疗服务，引导参保人员就近到社区卫生服务机构就医。条件成熟时，制定相关政策，实行医疗保险参保人普通门诊在社区卫生服务机构首诊制度。

（二十八）加强社区卫生网点建设。按照3万～10万居民或按照街道办事处所辖范围规划设置1所社区卫生服务中心。在社区卫生服务中心难以覆盖的区域，逐步规划建设社区卫生服务站，保证城区居民从住所步行15～30分钟能够到达社区卫生服务机构，方便居民就近就诊。

八、加强社工队伍建设，促进社会工作发展

（二十九）探索社会工作专业岗位设置方式。在公益类事业单位、街道、社区以及非营利性社会组织中设置适应社会工作的专业岗位，民政、司法、劳动和社会保障等部门，以及共青团、残联等群团单位，可根据社会工作要求设置相应的岗位，建立社会工作者管理体系，加快社会工作人才队伍专业化建设。

（三十）加强社工专门人才培养。继续加强与港澳地区的交流与合作，提高社会工作人才培养办学水平。整合已开办社会工作专业的高等院校、党校、行政学院以及各类社会培训机构等培训资源，逐步形成社会工作综合教育培训体系。成立社会工作教育指导委员会，负责政策研究、教育评估，推进社会工作人才培训。加大对高校社工专业的扶持力度，稳定社工队伍。对现有从事社会工作人员分期分批进行专业培训，获取相应的职业资格证书，尽快提高专业化社会服务水平。力争到2012年，全市社会工作机构从业人

员中的社会工作专业人员达1万人左右。

（三十一）建立市社会工作机构和行业管理协会。民政部门设置社会工作机构，统筹管理社会工作。社会工作协会接受政府委托，承担社会工作者的注册登记、继续教育工作，对社会工作服务机构实行行业管理，推动完善社会服务，提升社会组织服务社会的能力。

九、加强志愿者队伍建设，大力发展志愿服务事业

（三十二）整合志愿服务资源。由市发展志愿服务事业指导委员会牵头，以青年志愿者协会和市义务工作者联合会为主体，发挥各组织机构的优势，提供志愿者注册、培训、转介、专业支持等服务，组织实施各类社会志愿服务活动。加大财政投入力度，成立广州发展志愿服务事业基金会，并广泛发动社会募捐资助志愿服务活动，落实志愿服务活动经费保障。社区服务中心、社区义工站、文化中心（站）等各类场所应该为志愿活动提供便利。

（三十三）大力倡导扶持志愿服务。由市发展志愿服务事业指导委员会统筹协调，培育志愿文化，树立先进典型，加强宣传推广，积极营造"人人参与志愿服务，各方支持志愿服务"的良好社会氛围。发展壮大志愿服务队伍，鼓励机关、企事业单位和社会组织成立志愿服务组织。制定具体措施，鼓励公职人员、党团员、大中专学生参与志愿服务。实施志愿服务荣誉制度，大力表彰志愿服务的先进组织和个人。

（三十四）加强志愿者培训。成立全市志愿者培训专门机构，开展各种形式的志愿者培训，加强与院校和社会培训机构合作，力争用5年时间对全市注册志愿者轮训一遍，努力提高志愿服务的专业水平。

（三十五）实行社工和志愿者联动机制。加强社工与志愿者的

互动，在志愿者行动指导机构配备专业社工，争取于2010年前，在志愿服务行业组织、行动指导机构配备一定比例的专业社工。由专职社工组织带领志愿者开展服务，重点开展扶贫济困、助残帮老、环境保护、心理咨询、社区矫正、科普教育、青少年教育、社区服务、大型活动、应急救援等专项志愿服务，不断拓展服务领域，促进志愿服务经常化、制度化和规范化。动员志愿者骨干参与社工机构工作，组织志愿者骨干系统学习社会工作理念和专业技巧，为社工队伍的壮大打下坚实基础。建立覆盖全市的社工、志愿者服务信息网络，实现社工、志愿者服务的信息共享、优势互补、资源优化。

十、加强社区居家养老服务，加快发展适度普惠型老年福利事业

（三十六）全面实施社区居家养老服务。推进《广州市社区居家养老服务办法》的实施，由市、区两级财政出资为特困、高龄、独居、有特殊贡献的老人购买社区居家养老服务，推动社区居家养老服务主体社会化，使居家养老逐步成为养老服务的主要形式之一，不断满足居家养老服务需求。

（三十七）建立社区综合养老服务平台。统筹社区各种为老服务单位及其他服务机构，开展多元化综合为老服务，重点提供"到户式"和"一站式"的综合家居照顾服务。进一步完善社区为老服务设施，积极打造"10分钟为老服务圈"，方便老人居住生活。

（三十八）推进"平安通"呼援服务系统建设。按照"企业建设和运营，政府负责监管和购买服务，社会支持配合"的模式，不断完善"平安通"呼援服务系统，实现"平安通"与政府和社会服务机构的有效对接，为居家老人提供日常照料和紧急支援等服务。

十一、创新慈善募捐机制，推动慈善事业持续健康发展

（三十九）建立高效有序的慈善募捐机制。由民政部门统筹管理慈善募捐活动，制定慈善公益组织管理办法和等级评估制度。制定慈善募捐计划安排和指引，实行慈善公益组织在指定时间、划定区域内开展公开筹款活动，健全畅通的慈善募捐信息通报机制，加强慈善筹款和资金使用的监管，提高慈善活动的透明度和慈善公益组织的公信力。

（四十）设立"广州市慈善公益金"。整合目前帮扶困难群众的各项资源，将企业、社会帮扶低保、低收入困难群众的资金纳入慈善公益金统一管理。慈善公益金由市慈善会负责管理运作，专项用于帮扶困难群众，并与政府救助相衔接，形成政府救助与慈善帮扶并进的良好机制。市福利彩票公益金每年安排一定比例用于慈善公益金年度项目用途。设立"广州慈善日"，开展"慈善一日捐"活动，广泛募集慈善公益金。

（四十一）建立慈善公益宣传和慈善荣誉制度。广泛开展慈善公益宣传，市属新闻媒体要组织开展免费公益宣传，增强全社会的慈善意识。组织开展评选"慈善之星"活动，大力表彰、奖励为慈善事业做出贡献的先进单位和个人。充分发挥市慈善会的品牌效应，积极推广慈善冠名、设立冠名基金、设置慈善箱等做法，引导和鼓励社会各界积极参与慈善公益活动，在全社会形成支持、参与慈善事业的良好氛围。

十二、加大残疾人服务工作力度，提高助残服务水平

（四十二）建立健全社区残疾人协会及残疾人服务组织。依托

社区残疾人协会开展社区残疾人工作，整合社区资源；依托残疾人服务专业机构或残疾人自助组织，为残疾人提供康复服务、就业服务、家庭看护、日间托管等帮扶服务，保障残疾人基本生活，维护其合法权益，帮助其融入社会。将残疾人康复纳入社区卫生服务工作内容。在推动残疾人享有社会救助、社会保障等普惠政策的同时，实行重度残疾人的特惠政策，加大社会救助、社会保障力度。

（四十三）建立残疾人服务评估、转介、轮候制度。由市残联统一接受残疾人的服务申请，由专业机构对申请人的残疾、机能及技能状况进行科学评估，根据申请人的能力和需求，转介至合适的服务机构接受康复、教育、就业等服务，申请人按一定顺序排队轮候。有效实现服务发展和实际需求的相一致，避免服务的不足或重复，优化不同项目和区域间的资源分配。

（四十四）拓展助残服务。开展政府资助社会组织提供残疾人服务工作，以康园工疗机构和利康家属资源服务中心为试点，提供日间照顾、生活和技能训练、庇护和辅助就业等服务，拓展精神病康复者家属工作，提供心理及社会支援服务。不断拓展精神病康复工作，为精神病康复者提供心理及社会支援服务。针对家庭成员无法照顾的重残人士，利用民政、残联系统的养老、托养福利机构，以政府出资购买床位的方式解决他们的安养问题。对民办的残疾人服务机构和项目采取政府购买服务的方式进行资助。

十三、加强社区矫正工作，探索建立有效预防重新违法犯罪新机制

（四十五）组织社工和志愿者参与社区矫正工作。充分发挥社会工作者和志愿者的优势，开展各种专业咨询、结对帮教工作。完善社区矫正机构设置，在司法行政部门设立社会工作政策、执行岗位，以政府购买服务的方式，通过非营利机构，根据社区矫正对象

等具体情况在基层司法所配备专职社工，配合司法所和派驻到区的司法干警开展社区矫正工作。支持和鼓励专职社工配合基层司法所开展社区矫正工作。

（四十六）委托非营利性机构进行社区矫正服务试点。由市司法局筹办一所非营利机构，承接社区矫正和安置帮教工作中的服务职能，提前进入监管场所和社区，为社区矫正对象提供心理矫治、行为矫治、职业培训、社会关系处理、就业推荐、临时安置、危险性评估等项目的服务，使他们尽快融入社会。政府以购买服务的方式对该机构进行资助，购买服务经费列入市司法局的部门预算。

（四十七）建立社区矫正公益劳动基地。学习借鉴香港社会服务令经验，本着符合公共利益、矫正对象力所能及、操作性强、易于监督检查的原则，利用社会服务机构共建社区矫正对象公益劳动基地，通过参加公益劳动巩固和提高矫正效果。

十四、加强组织领导，为社会管理改革先行先试提供有力支持

（四十八）建立社会管理工作联席会议制度。联席会议由分管副市长牵头，有关部门参与，统筹全市社会管理工作，健全党委领导、政府负责、社会协同、公众参与的社会管理格局，完善我市基层社会管理体制，协调解决存在问题。联席会议办公室设在市民政局。

（四十九）调整优化财政支出结构。根据经济发展水平和财政收入的增长，逐步加大公共财政投入力度，增加社会福利投入和政府购买社会服务方面的投入。

（五十）实行财政、贷款等优惠政策。对提供社会服务的非营利性社会组织和企业，政府给予适当资助；对发展成熟、社会效益好的机构，给予贷款贴息，支持其发展壮大。

（五十一）统筹解决社会管理服务场地问题。进一步落实公建配套设施建设，为建设社区居委会、社区卫生服务中心、社工服务和志愿者服务站点、孤老残幼专门服务点等社会公共服务场所提供有利条件或以合理的租金租给提供社会福利服务的社会组织使用。政府拥有产权的存量公房，可通过评估协议转让给政府举办的社区服务机构使用。

各有关部门要根据本意见制定具体配套措施。

附录2 《关于进一步做好街道家庭综合服务中心建设工作的函》（穗民函〔2012〕263号）

各区、县级市政府：

根据市委、市政府"确保2012年上半年每个街道至少建成1个家庭综合服务中心"的工作部署，在各区（县级市）党委、政府的领导和各区（县级市）民政局的指导下，各街道克服困难，狠抓落实，目前我市已建成73个家庭综合服务中心并开始提供运营服务，街道家庭综合服务中心建设工作取得初步成效。为进一步做好此项工作，确保6月底前完成每个街道至少建成1个家庭综合服务中心的任务，根据我局前期调研发现的问题及3月6日我局在黄埔区召开的街道家庭综合服务中心建设工作推进现场会上各区（县级市）民政局所反馈的意见和建议，经研究，结合中共广州市委办公厅、广州市政府办公厅《关于加快街道家庭综合服务中心建设的实施办法》（穗办〔2011〕22号，以下简称《实施办法》），现就下一步如何做好家庭综合服务中心建设的有关工作函告如下：

一、关于家庭综合服务中心的基本建设问题

各区（县级市）要采取分类指导、各个突破的方法，有针对性地采取措施,确保 6 月底前完成每个街道家庭综合服务中心的基本建设。

(一)尚未落实家庭综合服务中心场地的街道,请尽快采取各种有效措施予以落实,并因地制宜整合街道辖内资源,综合利用现有文化站、工疗站、党员活动中心、星光老年之家等现有服务场地,提供基本的办公和服务场所,开展家庭综合服务。

(二)已落实场地但尚未开展政府购买服务工作的街道,要抓紧开展政府采购工作,引进民办社会工作服务机构开展服务工作。

(三)已落实场地并完成政府购买服务工作,但场地正在装修、升级、改造的街道,要尽快让中标民办社工机构介入前期工作,并依托现有场地先开展服务,避免因服务场地问题致使家庭综合服中心无法开展实质运营服务。

二、关于政府购买服务资金问题

(一)街道家庭综合服务中心政府购买服务经费,市级财政部分已下拨到各区、县级市,请各区、县级市及时协调落实家庭综合服务中心建设的配套经费。

(二)每个街道政府购买服务经费 200 万元必须全部用于购买服务,不得用于设备购置、场地装修或租金等其他用途。请各区、县级市根据本区、县级市的实际情况,科学地确定 200 万元购买服务经费的使用和支出构成。具体指导标准为:购买服务总经费的 60% 用于人员开支(工资、奖金、五险一金和以上支出引致的税费等),10% 用于专业支持(包括聘请督导费用、社工入职培训和其他专业培训费用等),10% 用于开展专业服务和活动费用(包括服务和活动产生的物料、交通、误餐、组织义工等费用),10% 用于日常办公费用(包括办公耗材、保洁、安保、水电、场地维护等),10% 用于其他杂费(包括中标费用、评估费、机构年度相关税费等)。

(三)承接服务的民办社工机构在按协议完成任务和相关指标后,允许服务经费每年存有一定盈余,但盈余部分不得超过总经费的20%,且盈余部分必须全部用于下一年度家庭综合服务中心业务的拓展和加强,不得用于分红。3年服务周期结束后,仍有盈余,机构不得带走,全数移交下一个承接服务的机构。

(四)已签订服务协议的街道,要严格按协议约定及时向承接服务的民办社会工作服务机构拨付政府购买社会服务资金,杜绝无故拖延资金下拨的现象。

(五)各区、县级市民政局要会同财政、审计、监察部门,加强对政府购买服务资金使用的跟踪监督,确保专款专用。

三、关于专业服务水平提升问题

(一)今年市民政局与香港特区政府社会工作主任协会继续合作推进广州市社工培训及顾问试验计划,除目前开展顾问督导服务的家庭综合服务中心外,还将选择其他街道家庭综合服务中心开展试验计划,请各区、县级市民政局配合做好该项工作。

(二)今年市民政局继续开展社会工作员培训考核及登记管理工作,并将把民办社会工作服务机构中未考取国家社会工作者职业水平证书的工作人员纳入培训考核范畴,解决目前家庭综合服务中心社工人才短缺的问题。请各区、县级市民政局继续配合做好社会工作员培训考核工作。

(三)各街道家庭综合服务中心新入职的正式工作人员必须安排不少于5天的入职培训,另每年必须安排不少于72小时的专业提升培训。所需经费由各区、县级市民政局向区、县级市财政申请,或由承接服务机构在购买服务经费中支出。培训工作由市民政局统筹,各区、县级市民政局配合。

四、关于评估和日常监督问题

（一）街道家庭综合服务中心的评估和日常监督工作由市民政局统筹指导，并负责建立评估人员名单数据库。请各区、县级市民政局和街道积极配合。

（二）《实施办法》确定的全市20个试点街道家庭综合服务中心2012年度的评估工作，由市民政局组织开展。其他街道家庭综合服务中心评估工作由各区、县级市民政局组织开展，评估经费按家庭综合服务中心购买服务总经费的2%由区、县级市财政划拨给区、县级市民政局，或由承接服务机构在购买服务经费中支付。

（三）街道家庭综合服务中心的中期和末期评估由各街道家庭综合服务中心分别在到期前一个月前向市民政局或区（县级市）民政局提出申请，市民政局或区（县级市）民政局须在到期前2天向街道家庭综合服务中心出示评估报告。

（四）在中期和末期评估工作外，对街道家庭综合服务中心实行日常服务的随机抽查机制，由市民政局统筹负责，原则上每个街道家庭综合服务中心在3年服务周期内必须抽查一次。抽查不合格的由市民政局向街道家庭综合服务中心发出整改通知，并限期完成整改工作。

五、关于信息报送问题

（一）为掌握各区、县级市街道家庭综合服务中心建设的进展情况，请各区、县级市民政局在2012年4—6月逐月填写《广州市各区、县级市街道家庭综合服务中心建设进度情况统计表》，于每月25日前报市民政局，以便及时统计街道家庭综合服务中心建设各项数据。

（二）各区、县级市在推进街道家庭综合服务中心建设及服务过程中，要及时总结经验和做法，并报送到市民政局。

（三）各街道与承办机构签订服务合约后，请于签订之日起15个工作日内将合约的副本报市民政局备案。

六、工作要求

（一）街道家庭综合服务中心是设立在街道的一个专业化社区服务平台，仅挂"街道家庭综合服务中心"牌子，不得加挂其他牌子。同时，各街道要严格按照与民办社工机构签订的合约开展工作，各职能部门和街道不得随意向民办社工机构增加合约以外的工作任务和内容。

（二）各区、县级市要采取有效措施，多渠道加强宣传，提升街道家庭综合服务中心的公众认知度。

（三）各街道要主动与中标的民办社工机构做好对接工作，建立有效的沟通协调机制，提供必要的便利条件，缩短街道与民办社工机构的磨合期，促进家庭综合服务中心服务尽快步入正轨。

二〇一二年三月三十日

附录3 中山市流动人员积分制管理计分标准（2014）

流动人员积分制管理计分标准由三部分组成，即基础分、附加分、扣减分，其中基础分指标包括个人素质、参保情况和居住情况三项内容，附加分指标包括个人基本情况、急需人才、专利创新、表彰奖励、社会贡献、投资纳税、卫生防疫、儿童随行卡办理、住房公积金缴交、社会教育、基础教育等11项内容，扣减分指标包括违反计划生育政策和违法犯罪两项内容。

入学总积分＝基础分＋附加分。

住房保障总积分＝基础分＋附加分＋扣减分。

入户总积分＝基础分＋附加分＋扣减分。

积分指标及分值如下：

一、基础分

（一）个人素质积分

个人素质积分＝文化程度得分＋职业资格或专业技术资格得分。

1. 文化程度得分

得分标准：初中为20分，高中（中技、中职）为30分，大专为60分，本科及以上为80分。按最高学历计分，不累加计分。

2. 职业资格或专业技术资格得分

得分标准：按最高职业资格或专业技术资格计分，不累加计分。

（1）职业资格或专业技术资格。初级技工、事业单位工勤技术工岗位五级为20分，中级技工、事业单位工勤技术工岗位四级为40分，高级技工、事业单位工勤技术工岗位三级、专业技术资格初级为70分，技师、事业单位工勤技术工岗位二级、专业技术资格中级为90分，高级技师、事业单位工勤技术工岗位一级、专业技术资格高级为110分。

（2）企业评定的相当岗位等级技术技能。在建立严格规范的专业技术、技能岗位等级和职业发展通道，符合一定条件的本市大型骨干企业就业，从事专业技术、技能岗位工作满一定年限的流动人员，经企业评定的岗位等级相当于初级职称或高级工水平的，积50分；相当于中级职称或技师水平的，积70分。此项积分只计入积分入户总积分，具体办法由市人力资源社会保障局制定。

（二）参保情况积分

得分标准：在广东省内参加城镇基本养老保险、基本医疗保险、失业保险、工伤保险、生育保险，每个险种每满一年积1.5分，最高分限75分；在中山市内参加上述各项社会保险的，每个险种每满一年再积0.5分，额外积分最高限25分。

（三）居住情况积分

居住情况积分＝房产情况得分＋办理居住证（或暂住证，下同）年限得分。

1. 房产情况得分

得分标准：本人、配偶或直系亲属在中山市拥有合法房产且其家庭人均住房面积不低于本市规定的住房保障面积标准的,积100分。每套房产限成功申请一次积分入户及一对夫妇申请积分入学。

2. 办理居住证年限得分

得分标准:累积办理居住证时间每满1年积5分,最高分限50分。

二、附加分

(一)个人基本情况积分

个人基本情况积分=年龄得分+婚姻状况得分+计划生育得分。

1. 年龄得分

得分标准:18周岁以上至35周岁以下人员为5分。

2. 婚姻状况得分

得分标准:未婚者为15分。

3. 计划生育得分

得分标准:

(1)申请人在离开户籍地前办理了国家统一格式的《流动人口婚育证明》或广东省统一格式的《计划生育服务证》,到达中山市后按照有关规定在居住地计生部门进行验证,并按照证件的管理年限及时换证,积3分。

(2)按照政策自觉落实长效避孕节育措施,上环积10分,结扎积25分。

(3)每年按照要求参加居住地计生部门组织的孕情检查3次,满1年积10分,满2年积15分,满3年及以上积20分。

(4)申请人夫妻双方无违法生育行为积100分。

(5)申请人夫妻双方有违法生育行为,均已接受处理完毕,积60分;部分接受处理的积20分。

(4) 和（5）项积分只计入积分入学总积分。

（二）急需人才积分

得分标准：属于中山市经济社会发展急需的紧缺适用高层次人才积 50 分，属于镇区经济社会发展急需人才积 20 分。按最高得分项目计分，不累积计分。

（三）专利创新积分

得分标准：近 5 年内获得国家发明专利者积 30 分，获得实用新型或外观设计专利者积 10 分。拥有多项专利的可累计积分。

（四）表彰奖励积分

得分标准：个人在广东省范围内获得县级党委政府、处级部门表彰嘉奖或授予荣誉称号的，每次积 30 分，最高不超过 60 分；获得地级以上市党委政府或厅级以上部门表彰嘉奖或授予荣誉称号的，每次积 60 分，最高不超过 120 分。在中山市工作生活期间获得县处级奖励的，每次再积 10 分，最高不超过 20 分；获得地厅级以上奖励的，每次再积 20 分，最高不超过 40 分。中山市镇区党委（党工委）、政府（办事处）表彰奖励按县处级级别积分。

（五）社会贡献积分

得分标准：近 5 年内在广东省从事社会服务按以下标准计分。

（1）参加志愿者等工作服务每满 50 小时积 2 分，参与禁毒宣传和网络文明志愿服务每满 25 小时积 2 分，最高分限 10 分；在中山市内参加志愿者等工作服务每满 50 小时再积 2 分，额外积分最高限 10 分。

（2）在中山市安全监管局注册登记的安全生产义务宣传员，参加安全生产义务宣传工作每满 50 小时积 2 分，最高限 10 分。

（3）个人捐赠每满1000元积2分，最高分限10分；接受捐赠的单位必须是政府认定的慈善组织；捐赠行为发生在中山市内的每满1000元再积1分，额外积分最高限5分。

（4）无偿献血每满200CC积2分，最高分限10分；无偿献血行为发生在中山市的每满200CC再积1分，额外积分最高限5分。

（5）按有关规定在中山市积极举报火灾隐患或违法犯罪线索的，经核查属实后，每宗积0.3分，最高限20分。

（6）提交积分制管理申请时，担任中山市流动人口和出租屋服务管理兼职联络员，且在聘期内的，积5分；在中山市各企业担任初级安全主任的，积5分；担任中级注册安全主任的，积10分；担任高级注册安全主任的，积15分。

（7）在全市"两新"组织中充分发挥先锋模范作用，积极参与各项社会服务，在中山市"两新"组织党员积分服务网取得相应积分的，每满1000积分积0.5分，最高限30分。

（8）在中山市成为中华骨髓库捐献志愿者积10分，成功实现骨髓（造血干细胞）捐献的积50分（此项积分不受近5年限制）。

（9）在中山市从事环卫工作满3年积15分，每增加1年再积5分，最高限30分。

（六）投资纳税积分

得分标准：

（1）在中山市个人投资（以工商登记注册资本及企业信用信息公示系统公示的认缴和实缴的出资额为依据）10万元起计分，投资每满10万元积1分。

（2）近5年内（税款所属期），个人在中山市累计缴纳个人所得税税款每满1000元积1分；从事工商经营活动累计缴纳除个人所得税外的其他税款，每满1万元积1分（个人缴纳的其他税款以经营实体中个人的出资比例计算）。

（七）卫生防疫积分

得分标准：

（1）自觉为子女参加计划免疫的，积1分。

（2）自觉参加妇幼保健（具体项目按国家、省、市有关规定实施），积1分。

（3）婚前自愿参加婚检的，积1分。

（4）按岗位要求办理从业健康证的，积1分。

（八）儿童随行卡办理积分

得分标准：主动到流动人口管理部门为子女办理登记手续，并领取《十六周岁以下儿童随行卡》的，积3分。

（九）住房公积金缴交积分

得分标准：

（1）按规定在本市开立住房公积金账户的，积3分。

（2）在本市按月缴交住房公积金的，每缴交一个月积0.1分，累计最高限12分。

（十）社会教育积分

得分标准：积极参与社区活动、社会教育培训，提升自我素养，获得中山市青年社区学院颁发或中山市正处级部门、镇区党委（党工委）、政府（办事处）认可的结业证书，每次积4分；不同类别的课程培训结业可累计积分，最高限20分。

（十一）基础教育积分

得分标准：

（1）申请入读小学一年级的流动人员子女在我市全日制幼儿园

（含公办和民办）接受学前教育每满一年积1分，最高限3分。

（2）申请入读初中一年级的流动人员子女在我市全日制小学（含公办和民办）连续就读每满1年积1分，最高限6分。

此项积分只计入流动人员子女积分入学总积分。

三、扣减分

（一）违反计划生育政策减分

减分标准：违反政策生育（含收养）子女的，每生育一个子女扣60分。

（二）违法犯罪减分

减分标准：

（1）近5年内曾受过刑事处罚扣100分。

（2）近3年内曾受过行政拘留处罚的，每次扣10分。

后 记

本书是中山大学智库型 2015 年度课题计划中的"广东地方治理经验研究"项目的子项目"广东社会治理创新经验研究"的研究成果，是中山大学国家治理研究院和政治与公共事务管理学院联合打造的《广东地方治理创新研究丛书》的一部分。自立项以来，项目组成员深入到各个案例之中，分赴广州、佛山、顺德、中山、东莞、深圳、珠海等地，进行实地调查工作，收集了大量的经验素材，力图将广东的社会治理先进经验呈现给读者，使读者更好地了解广东这块改革的热土及其先行先试的动态。

全书的分工情况如下：

陈天祥负责全书总体框架的设计、章节内容的安排和统筹，对各章初稿提出修改意见，负责统稿工作；郑佳斯协助这些统筹工作。

各章的撰稿人为：第一章，郑佳斯、陈天祥；第二章，王群、李夏玲；第三章，贾晶晶；第四章，李倩婷；第五章，郑佳斯、陈天祥；第六章，李仁杰、朱琴、陈天祥。各章撰稿人对内容的知识产权承担责任。

感谢项目负责人肖滨教授和朱亚鹏教授对本书撰写工作的支持和帮助，感谢中山大学国家治理研究院和政治与公共事务管理学院的支持和配合，感谢中山大学出版社编辑嵇春霞、刘学谦的辛勤工作。

本书的出版得到教育部人文社会科学重点研究基地中山大学中国公共管理研究中心重大项目"中国特色的治理理论构建"的资助。

著者

2016 年 12 月 3 日